U0001470

Why Be Happy?

The Japanese Way of Acceptance

Scott Haas

接納，才能自得

日本人的淡然之道

史考特・哈斯——著／吳緯疆——譯

獻給我的老友雷多·杜爾勒博士。他對大自然的熱愛，從鳥類知識到對瑞士山岳的興趣，激發了我的思考，深化了我的意識，提升了我的理解。當然，也感謝他告訴我遠離塵世的瑞士小鎮布勞恩瓦爾德。

ながらへば
またこの頃や
しのばれむ
憂しと見し世ぞ
今は恋しき

我可能繼續生活
直到我渴望此時
因為如今我印象中
不快的往昔時光
充滿喜悅之情

本詩是玩日本傳統紙牌遊戲「百人一首」時要背誦的一百首詩之一，作者為十二世紀日本平安時代後期的公卿及歌人藤原清輔。

目次

第一章

世界

等等，什麼？日本？關於幸福，日本能教我們什麼？

其實很多。我花了多年時間想明白這一點，但依然困惑，如今仍試著理解整個意涵。重要的事物領著我跳脫了自己從小學到、對於幸福的看法。

在日本，幸福不是一種私人的體驗，其實也不算目標。接納才是目標。

•

日本最擅長、也是我們能從它的文化中學到的，就是如何避開孤立於世之苦。接納過往與現在的現實，真心擁抱那些無法長久的事物，是日本生活的精髓。在日本生活，研究這個國家的文化，努力瞭解他們是如何規劃、安排、愛與看待自己和自然，改變了我看待及處理壓力的方式。

不是人人都能順利融入日本為數眾多的各種團體，孤立就是一個眾所周知的問題，一如西方世界的老人、邊緣人，以及慢性精神疾病患者面臨的狀況。

然而這兩者的差別相當大。日本的包容有各種選項，從共浴、安全的公園，到對眾人開放的各處神社與寺廟。日本社會有許多混雜及交流在進行著（這是從一九一二至一九二六年的大正時代才開始，更早之前並非如此），原因有部分是拜西化打破了原有的障礙與霸權之賜。日本人從小開始，團體就是生活的重心；小孩子在校全都穿制服，吃相同的學校午餐。日本人所受的期望十分明顯而且普遍，許多事根本無須明說：你在家中、學校、商店、餐廳和職場上都知道應該遵循什麼規矩——而且這些期望不太會因人而異（但日本對於性別、年齡與同質性的偏見卻是根深柢固，具有強制性）。

最重要的是，在日本，作為一個人，你的身分與自我認同既是因為自己所屬的團體、也是因為你的癖好、看法和喜惡而定。

我在美國長大，遵循著美式文化帶來的各種機會：「我做得到」的精神、「我能辦到」的訊息、不凡的開放性與創造力、為達目的而嘗試新方法——個人主義之惡。

這時候不妨看看日本。

觀察、傾聽、靜默、深入理解、將問題視為挑戰、淡定，以及最重要的，接納，這些都是你與自己及他人和睦相處的黃金守則。當然了，這些行為在別處也看得到，畢竟這是人類的特性；然而在日本，這些卻是制度與系統發展的基石。

明白周遭的人與「我是誰」大有關聯，令人有種解脫之感。通往自我分析與自我滿足的道路沒有盡頭，諷刺地充滿限制，又孤單得奇怪。

當你有了歸屬感，誰還需要特權？

這世上沒有哪個地方像日本這樣，讓我對我的人生、冷靜、耐性、對於靜默與觀察的敬意達到平衡，而且接受對個人而言，社群與自然其實較個人的需求更為重要。人生最大的喜悅在於滿足他人，這樣的認知能彌補西方文化重視的個人主義的不足之處。

•

眼見他人受苦，而我們感同身受，我們的幸福感便會因而減損。我的意思是：我們在發揮同理心之際，也等於是在吸納他人的苦痛。身為臨床醫師，每當我聽到那些關於失去、羞愧與孤立等可怕經歷的陳述，我的幸福感便會降低。這清楚解釋了為何人往往會躲避、責怪或畏懼那些在他人身上見到的苦痛。我們對他者的苦痛越是感同身受，就越能理解他們的處境正是你我皆然的本質。

不妨用最實際的方式來想想這一點：如果你的孩子、配偶、父母或好友正在受苦，由於他們與你十分親近，他們就在你的內心與意識裡，你的幸福感因此就會減損。我無法想像若是我的兒女或太太在受苦，我自己還能快樂。

我最會給自己製造壓力了，可說根本就善於此道，再加上出身自一個會將壓力徹底正常化的家庭，所以我有會重蹈覆轍犯錯的傾向。

而且不只是個人的壓力而已。向來都不是——怎麼會這樣？

每週有三天，我上午得在麻州羅克斯貝里的努比亞廣場的過渡援助部進行面談，對遊民、貧窮、受虐或剛入監者進行障礙評估，而後開車回到不過八公里外的高級社區。我能明顯看到，一個人的成就及安全感，與他的種族、性別及經濟狀況的關聯遠遠大過與個人的動力。

整合了我在日本的體驗和生活之後，我找到了我需要的協助，也發現我缺少了什麼。

逐漸運用我從日本學到的習慣、即便這些習慣不過零零碎碎，也徹底改變了我面對、處理和躲避壓力的方式，以及讓我在接納這個世界的同時，也努力改變自己在當中的位置。

《推開世界》是爵士薩克斯風樂手肯尼．賈瑞特的專輯名稱。由於他懂日文，又在日本待過許久，這名稱也代表著他、以及像我這樣的人看待日本文化的角度。

某次在跟賈瑞特交談時，他告訴我：「日本始終是我第二個家。」深受日本文化啟發的他說，「我的音樂會把人拉進來，拉進來，拉進來，拉進來。我們用來推開世界的精力也能用在正面用途上。」

簡言之，這就是日本式的接納。以熱情的方式推開世界，創造有意義的經驗，讓我們彼此更靠近，也更接近活著的美妙感受。

將日本不複雜的日常活動及經驗整合起來之後，我發現源於自身過往的壓力減輕了，工作上在面對那些被褫奪公權、有過傷心遭遇的當事人時，精神也不再那麼緊繃。這個過程依然進行著，情況有時比其他時候來得更好一些。當然了，我要努力的也比以前來得多，因為我運用了觀察、靜默和許多方式接受各種事物，這正是最重要的。我有更多途徑可去瞭解壓力，減少壓力的破壞性。

這些並非得以幸福的祕訣，不是身為負責任公民的你我用來擺脫需要面對的挑戰的方法。修改一下藝評家約翰・伯格的說法，它是一種不同的「觀看的方式」，可附加在我們目前的觀點上。而這種方式也帶來了諸多可能性。

「いきがい—生活的意義」（ikigai）這概念在前陣子廣受歡迎，成了某種代碼或祕訣，似乎一旦學會了，就能踏上通往幸福人生的坦途。然而日本在乎的不只是幸福。日本的故事更關乎堅毅、韌性與社群。[1]

日本提供的是截然不同的行事風格，視個人與自然為一體，創造社群並為社群所用，也接受人生在世不過是轉眼一瞬。

要說清楚，日本人可沒有獨占同理心的市場。還差得遠。日本的日常生活往往帶有冷漠的特質——大家似乎無意對周遭他人有所反應。要是我說錯話或做錯事呢？要是我打擾到人家呢？別人會怎麼看我？

冷漠之際，日本在許多方面通常（未必百分之百）都有因強大的凝聚力而建立起來的公共安全與禮儀，穩定而可靠。現存的外在結構已可提供所需，個人不必做出太多反應。各種情況都已經安排妥當。

然而，當危機發生，外在結構又不足以解決問題時，個人該怎麼辦？由於已經習慣受到團體的制約，個人可能難以知道該做什麼或怎麼辦。

這個問題在藝術上的例子，我最喜歡的是黑澤明的《天國與地獄》。這部一九六三年的電影描寫一個日本企業家被迫在個人事業失敗和挽救私人司機兒子的性命之間做出抉擇。劇中，三船敏郎飾演的主角權藤金吾因為日本在戰後的美國化而變得自私自利，但最後他拋開利己心態，證明了同理心可超越利益。

《天國與地獄》拍攝當年正值日本突飛猛進之際——產業加速發展，不但逐漸趕上西方，甚至即將超越。黑澤明想表達的是，由於屈於西方對於成功的概念，日本文化的核心價值已岌岌可危。

他思忖著，日本正在流失的是什麼？

《天國與地獄》暗示同理心本是日本文化的精髓，萬萬不可因為個人的自私貪念或因接受了西方價值而揚棄同理心。幫助他人，了解並接受自己與社群本為一體，這是黑澤明認為身為「日本人」的意義。在他眼中，自私與貪婪都是美國人灌輸的誘惑，必須起而抵抗。

1 在《人生的意義是什麼？日本人和美國人如何理解他們的世界》這本精彩的書中，香港中文大學人類學教授麥高登寫道：「『生活的意義』的主要意義是『一體感』和『自我實現』。」重點在於，自我實現乃是透過與他人的正面經驗來達成。

埃克特．賈西亞與法蘭賽斯克．米拉萊斯合著的《富足樂齡：Ikigai 日本生活美學的長壽祕訣》助長了這股熱潮，《日本時報》的書評形容「生活的意義」是「人生有目標是幸福之關鍵的概念」。評論者寫道：「因為好奇於『生活的意義』與長壽之間是否有因果關係，軟體工程師埃克特．賈西亞與作家／譯者法蘭賽斯克．米拉萊斯訪問了琉球素有「長壽村」之稱的大宜味村的居民。兩人訪談後寫出的書宣稱，『生活的意義』是『日本長壽與幸福生活的祕訣』。」《日本時報》書評寫道：「這本書並未解釋這個主張。他們沒有充分說明『生活的意義』與長壽之間的關聯。這本書不過是湊合了有關飲食與運動的老生常談，穿插一些人瑞的訪談和心理治療趨勢的討論。他們的結論將關聯性冒充成因果關係；這是一本以偽哲學面貌呈現的自助書。」近年來市面上有不少書籍也讚揚「生活的意義」，並聲稱那就是幸福的關鍵。實則不盡然。

我知道——這部電影有點民族主義的味道！

不過，無私與同理心在美國也隨處可見。無論是透過宗教連結、社群價值、支持與體貼的家人，或單純關心別人的天性，美國人每天都設法在幫助他人。

美國職棒大聯盟史上第一位黑人球員傑基・羅賓森曾說：「除非能為別人帶來影響，否則人生並不重要。」

孤獨，人與人之間的分隔，人與自然的分隔，生活中的自私——日本從人生的最初之際就在處理這些壓力源。

在日本，各種日常活動、行為，以及彼此連結的方式——從觀察、傾聽、道歉（多不勝數！）到接受——都在在強化著個人是家庭、學校、公司以及社區一分子的感受。

小學的班級、大眾澡堂、心照不宣的關係以及公共禮儀，這些都屬於那種努力或共識的一環。當個人處在上述各種情境時，日本人的個人主義會受到周遭的人影響。學生在學校必須遵守制服與午餐的規定。在大眾澡堂，因為會在陌生人或熟識的社區鄰居面前裸體，也不可能保有隱私。人行道上的靜默代表每個行人都參與其中（無論喜歡與否）。這些文化的展現與廣為眾人接受的行為帶來了一種共同的責任感，顯現在日本的健康行為、高功能性的社區、優異的公共基礎建設，以及日本人的長壽上面。[2]

雖然不是絕對，但多為他人著想、觀察你的周遭，肯定會帶來一種「我並不孤單，也沒那麼重要」的意識。這應該能讓人鬆一口氣。幸福來自幫助他人，以及融入自己的周遭。

社群的理想依然是日本文化守則的一項支柱與功能。它的目標深植在這樣的理念中：身為團體的一員比堅持個人獨特性更重要。主張自我——提出團體沒表達出的個人需求——在日本文化中是不被許可的。

我很幸運，我的日本朋友們對我相當有耐心，對我犯的許多錯誤也能一笑置之，這更加深了我的自覺。日本是我目前到過最注重人際關係的國家，在那裡，你與誰共事遠比合約規定更重要。

日本也非常愛下指導棋。朋友們會不斷糾正我，花時間教我如何正確行事。不論是

2 麥高登在《人生的意義是什麼？》書中談到「集團生活」對透過社會連結發展同理心特質的重要性。麥高登這本書深受湯瑪斯．羅林傑出的經典之作《日本高校》影響，因此大量引用羅林書中內容：「如果我們仔細看發展週期，會發現從幼兒園到就業初期的每個階段，都有相同的基本固定程序不斷在重複，相同的社會課程一再反覆。共同的打掃責任、服裝規定、團體討論、團體集合的模式，以及動作……都在每個新的進入點再度學習……強調的重點都是在將基本的實務標準化，以及瞭解個人在『集團生活』情境中的道德責任。」

名片的遞法、初見新同事時該問什麼，或是搭火車該遵守什麼規矩，都有人教過我該怎麼融入環境。

早年無數次的日本出差經驗都證實了這些指導是對的。

二〇〇五年前後，我首度到位在東京西北方、臨日本海的新潟。行前我告訴前奧運摔角手，同時也是連鎖的紅花鐵板燒餐廳創辦人青木廣彰，問他此行該有什麼心理準備。他笑稱新潟就像是「日本的奧克拉荷馬」。這番對話是在青木位於紐約曼哈頓第五大道上的豪宅裡進行的，那裡能俯瞰聖派翠克大教堂。在他看來，新潟是個鄉下地方。

「沒什麼好擔心的，全都是鄉巴佬！」他這麼說。

其實根本不然。新潟在戰後徹底重建過，是個井然有序的地方，一如美國繁榮的工業城市。

很幸運，邀我到訪新潟的友人遠藤武一路陪著我，確保我乖乖守規矩。當時是新潟的清酒廠協會聘我前往當地，協助他們將清酒引進美國。遠藤武透過他的食品公司結識了不少當地業者。如果你想知道，新潟的清酒在日本屬於頂級極品，因為當地的水來自每年龐大的降雪，水質純淨。[3]

總之……

遠藤武站得靠我很近，告訴我該如何遞出我的名刺，如何收下對方的名片，如何看著名片，收下之後該說什麼，又該將名片放在哪裡。

「告訴他你很感激受邀。」他在我耳邊輕聲說，「用好聽的話描述你待的飯店，還要提到你很感謝他信任你。」

遠藤武告訴我的這些，有些並非日本獨有，但不一樣、而且重要的是他讓我感受到了當中的精準度與時機，以及那種無可取代的明確態度：要將事情做得盡善盡美唯有一途，別無他法。我愛這種清晰透明——真令人鬆了一口氣！那就像按部就班建構鷹架，小心翼翼。

我必須看著名片，複誦對方的姓名與職稱，同時稍微看一下對方的眼睛。我必須說些對他的職稱印象深刻之類的話。接著，對方也會對我的名片禮尚往來。之後，你必須捏著名片下緣的兩角，讓它與桌子邊緣對齊，並面對收下名片者，姓名與職稱朝上。那天稍早，武和我在我的問題與發言之間的空檔還討論過開會時應該坐在哪裡，在電梯裡

---

3 曼哈頓名餐廳 NOBU 裡供應的唯一一種清酒，正來自新潟佐渡島的釀酒廠。可惜那不是置入性行銷活動，所以在餐廳慶祝我兒子尼克的十八歲生日時，我只能自掏腰包付帳，清酒沒有優惠。

該站在哪個位置，是否該鞠躬，鞠躬該彎腰幾度，該不該握手。

我的朋友對這些事情的熟悉程度，就跟我知道怎麼綁鞋帶一樣，結構與節奏精準無誤。在東京，優子告訴我怎麼在店裡點麵：該站哪兒，如何排隊，怎麼在入口的自動點餐機投幣（機器會吐出領餐券），我將領餐券交給老闆或老闆娘，他們再交給廚師。紳治教我用餐完畢時要說什麼以感謝廚師。優子教我離開餐廳時該做什麼，還有員工會在人行道上揮手道別，彎腰鞠躬直到看不見我們為止。次郎指出在車上該坐哪個位子，如何讚美某位農人——他帶我們去看了一群吃掉田中害蟲的鴨子。

次郎和我來到石川縣一間前不著村、後不著店的愛爾蘭茶館。口袋夠深的老闆大老遠地從愛爾蘭運回店裡的所有家具和地毯，憑著個人狂熱完整復刻出這整家店。我們要離開時，次郎告訴我：「跟他說他的西裝很好看。」

這些朋友稍後會在本書中再度登場。

這種無止盡的問答教學法提供了一套能增加信心與連結感的適切敬語。這其實就像一個龐大的祕密握手大集合。一旦你掌握箇中訣竅，就能放心不少，擺脫一大堆惱人的個人問題。

提醒你，身為外國人，我在日本就像個搞笑藝人。大家都在觀察我。無論我搞懂或搞錯，當地人都可能會覺得很好笑。就像有回我把餐廳筷子的包裝紙摺成手風琴形狀，充當小小的置筷架。

遠藤武大笑。

「笑什麼？」

「這是日本女人教你的。」他說。

「哦？」

「日本男人絕對不會這麼做。」

「所以呢？」

「沒關係，」他又大笑，「只是說說。」

或者，當我做對了什麼，例如在電子郵件中，或是聚餐時他們要我感謝居酒屋老闆、而我用對了敬語，朋友就會小聲說：「你說話好像日本人！」

呃，我該說謝謝吧。

內團體、外團體，分辨誰是誰的各種方式。我的確喜歡日本的這一套——在建立人際之間的聯繫時，由我對另一個人採取主動。努力去找到彼此的共同點，然後以此為基礎，直到雙方互感安心。

就像我在工作上評估某個因殺人未遂而服刑十年、剛出獄的受刑人時，會跟他談起看鴨子悠游池上會有的鎮定效果，或是在收容所和某個家暴受害者談到最喜歡的燉菜食譜，以及烹飪為她帶來何等平靜的存在感。

我不是對世上的悲劇或反社會行為視若無睹，也沒有極力淡化那些事情帶來的動盪。我希望在討論其他問題之前先建立信任感，看看同樣身為「人」的彼此有什麼共同點。我不喜歡以處理疾病的病理學途徑來進行。

從身為健康人類的我們有何共同點去著手才是更好的辦法，而我們的共同點遠多於差異。

這些都是以人際連結為基礎的起點，而非終點。日本的團體意識，加上我希望將之導入我在西方的生活，讓我得以平靜下來，也讓我與他人更靠近，生活也因此變成一連串對外在的「觀察」，而非以往那種我常用、更為個人的「反應」。

有時候，我裝作自己生活在一部電影裡：

機場。超市。塞在車陣中。等待家電公司的電話接通。

每當置身這些情況中，如果我視自己與他人同為團體的一分子，而非孤立於世，就更能退一步而平靜下來。去感覺自己置身其中，同時觀察。

如果我們願意去尋找，接納自己也是其中一分子，那麼「團體」就在那裡。在我們與那個邊緣人之間，共同點遠比你我願意承認的還多。

由於我看到、聽到、感受到了對方的某些面向，於是聯想起自己的家人，聯想到過去與現在，因此會更願意去做有益對方的事。這令人非常滿足。

日常的習慣以及那些實際的事物，讓日本成為一個鼓勵（有時則是要求）個人放下自私的需求，而與周遭環境化為一體的國度。如果見效，你會明白自己的無足輕重，更完整地感受到人際關係與自然，關注他者的需求。這些全都會匯集成一種更深層的滿足與幸福感。

我希望與你們分享造就出「受け入れる──接納」觀念的日本生活之道。

忘卻自我，優先顧及他人的需求──接受這種心態意味了什麼？日本不是唯一強調「無私」的國家，卻是將這個概念用於國家的建立及維護制度和系統的地方。

•

在西方，「忘卻自我」這件事就體現在詩人濟慈的「消極能力說」（doctrine of negative capability）當中：「一隻麻雀若是來到我窗前，我參與了牠的存在，以及牠在石頭間覓食的過程……所以在那一小段時間裡，我是消亡的。」

等等。在你說「有哪個精神正常的人會想被消亡啊？」之前，請記住幾項事實：濟慈在兩百年前的一八二一年死於結核病，得年二十五。各位，他是被分枝桿菌毀滅，而不是一隻小鳥。濟慈的意思、我的意思，以及日本人擅長的，是自我探索、自我懷疑，以及純然自私的消亡。

結果，我們並非自己最好的朋友。

藉由觀察自然，專注於眼前與當下，我們就能忘卻自己，這是多麼輕鬆愉悅的事啊。

而在日本，這是一種生活方式。

第二章

接受

在日本，有不少字都表示「接受、接納」之意。依據你周遭的人和你當下的狀況，各有適合表達接受的不同字彙，對說者和聽者也構成了不同的挑戰。

就像無數日文字詞具有符號或意義象徵的功能。[1]

決定撰寫本書時，我聯繫了日本朋友，想看他們是否能幫助我瞭解「接受」更深層的意義——我對他們的教養環境、文化、傳統與歷史算是個門外漢。

接受在日本可能代表什麼意義？

•

東京的口譯員小日向由美寄來一張非常詳細的表格，列出四個代表「接受」的字詞。她解釋了每個字可用於何種句子情境，以及如何使用。

「『受け入れる』（ukeireru）是一個為人母者在溫柔地接受一樣東西時可使用。」

1 羅蘭．巴特在他談論日本的《符號帝國》一書中指出，意義並非固定不變，文字的流動性會賦予文本深度。因此，瞭解日文往往更像是一種詮釋過程，而非一套固定的絕對事物。或許這正是人際關係中的信任在日本的談判協商中如此重要的原因，比交流內容更關鍵。因為內容有可詮釋的空間，但人際關係卻非如此：對一個人你要嘛信任，不然就是不信任。日文並沒有那麼可靠。

「『受け止める』（uketomeru），像是『威力強大的事情發生』時，母親接受『孩子情緒爆發』。」

「『取り入れる』（toriireru）可用以形容日本接受新教教士。」

「『受け流す』（ukenagasu）可代表接納，然後『讓它漂走』。」

由美進一步解釋：「這就好像你若是站在溪裡，你會寧可側身站著，這樣身體承受到的水壓會比較輕些。所以，我們日本人接受災難正是生活的一部分，設法『受け流す』，如此一來心理上可能就不至於受到太大影響。」

「『聞き流す』（kikinagasu）可表示去傾聽，然後讓它漂走，也就是我們裝做在聽別人抱怨，但不當真！」

「『受容する』（juyō-suru）可用來形容接受現代的西方思想與制度。」

由美說，juyō 可能是六個不同的字，「受け入れる」則經常用在日常對話中。

我認識由美和她的家人多年，她兒子望洋曾和我們夫妻倆同住過幾個星期，當時我喜歡和望洋討論他以大屠殺後的歐洲猶太哲學家為題的大學論文。我們夫妻倆喜歡與她及她先生在銀座某家高檔居酒屋共進晚餐，也喜歡和由美在靜岡縣的下田共飲綠茶。下田就是一八五三年七月惡名昭彰的「黑船」抵達的地方，當時馬修．培里（美國海軍准將，可不是《六人行》裡的那個演員）下達最後通牒，要求日方與美國貿易，允許美國商船進入日本港口。

就在由美解釋在日本表達接受的各種方式之際，我們的友誼也形塑了我對這個詞的理解。

關於接受的意義，我問的下一個人是榎本優子。我們大約是二十年前在東京結識的。[2]

優子給了我三個字：

受け入れる

覺悟（Jakugo）

自己受容（jiko juyō）

2 優子是作家，也是哈佛人類學者泰德．貝斯特那本經典《築地，世界中心的魚市場》的編輯。若想進一步瞭解日本，貝斯特的作品是必讀之作。

「自己受容代表『自我接受』。」優子說，「我們能感覺到它。覺悟或許比較文雅，『受け入れる』則算是比較容易瞭解，在心裡想像起來也很有趣。」

在我認識的所有日本人裡，優子算是最儒雅的。我和她是因為義大利的「慢食」組織而認識，她帶我見識了東京許多隱密的茶室、咖啡館、藝廊及社區小餐廳。她的丈夫是備受東京期待的新銳大廚（義大利與祕魯料理），正在蹣跚學步的兒子也健康優秀。她在專業才華與母職責任之間找到了完美的平衡，面對各種挑戰也氣定神閒。

第三個協助我的是鶴澤圭美。我初次見到圭美是多年前在石川縣山中溫泉的かよう亭，那是我最喜歡的日本溫泉旅館。她在我為某本書採訪當地工匠的那幾天擔任口譯。當時我們談了傳統工藝，也聊了兩人共同喜愛的爵士樂。她是邁爾士．戴維斯的忠實粉絲，尤其是 *Someday My Prince Will Come* 這張專輯。

「許多日文字都能譯成 accept，」圭美說，「非常難，不過這裡有六個。噢，還有更多！」

承諾（shodaku）

受容（juyō）

支持（shiji）

忍受（ninjyu）

合格（gōkaku）

受け入れる

「shodaku 可以表示接收邀請的意思。juyō 可以代表接受禮物。shiji 可以表示接受一個念頭或想法。ninjyu 可以代表接受困難。gōkaku 可以代表接受一個人。『受け入れる』則可以代表接受現實。」

到最後，我愛上了「受け入れる」的這個定義：「一個為人母者溫柔地接受某樣東西，在心裡想像起來很有趣，接受現實。」

日常行為若是都受到「受け入れる」啟發，那情況會如何？我們可能會做什麼？會說什麼？我們可參與、推動什麼事情，才能得到因「接納、接受」而帶來的幸福感？

「受け入れる」的意義比自我接受來得更廣。它代表你我接受自己在家庭、學校、職場以及社群裡的關係。它代表接納他人，接受現實，創造情境，以擴展有限、狹隘以及令人疲乏的自我觀點。

藉由接納短暫與不完美，「受け入れる」將禪宗與神道的精神應用於現代日本，創造幸福與滿足。這一點能從在幾個世紀前便已開始發展的一種共同美學清楚得見。藝術建立了一種觀看的方式。透過宗教機構與封建領主之間的合作，這種美學源自社會頂層，扭轉了因忽視而造成的失去：極少政府機構、科學知識不足、嚴格的社經結構、殘酷的自然環境。這種美學並未對人生的艱難處境絕望，而是確立了人生的意義乃是去接受、擁抱，甚至追求失去。

人生的目標是創造一種心境，一種你覺得自在、而且有充分意識與信心的心境。你接受失去，擁抱失去，也明白無論你如何界定自己，如此領悟端視你與自然和社會的聯繫而定。

美國社會重視個人，將個人幸福視為追求目標，如果過程中需要以犧牲他人為代價，往往就會當作是對方倒楣。

「輸了就滾回家去。」

「不照我的意思就拉倒。」

「對我有什麼好處？」

「受け入れる」的作用，在於放大人會在當中發現自我的關係，提供做出個人與結構性改變所需的力量。

你若想改變什麼，大自系統性的種族主義，小至差勁的顧客服務，你的心理狀態都得冷靜，以專注、慎重和積極的態度進行。你需要計畫。

這計畫就是接納自己，接納家人、朋友、同事以及你的社群。如此或許就能理解在你之外的其他觀點。

如果你並無自覺，又缺少冷靜的心理狀態，那麼便什麼都改變不了，尤其是那些產生或源於壓力的狀況。

先創造出平和自在的心境，如果你願意，隨後才去處理那些造成你孤立、擔憂或傷心的問題。這不是武裝動員令。它不是喝杯熱綠茶、慢慢泡個澡、小睡片刻，然後把你的問題告訴大家。但是如果你願意，你可以利用因為冷靜而得到的能量，試著做出必要的改變。

運用這些習慣，採行這些日本式的行為，有助我在觀察、閱讀與寫作時比以往更專注，理解力也更強。時間在此似乎慢了下來——我不會一直杞人憂天，不會一直回顧過往。「受け入れる」創造出一種根本的即刻狀態——一種活在當下的狀態。

從他者（而且是我不滿、不認同的人）的角度更完整地去看待、接受一個狀況，讓我得以看清許多以往會令我不快、但往往實則無關緊要的事情。如果我對某人不滿，不管對方是我愛的人、同事、朋友或陌生人，我更有辦法將反應延遲，甚或根本不做反應。這有何重要？一件事之所以重要，是因為我給了它重要的權力。然而它在本質上或許並不重要，一個月過後可能更是完全都不重要了。屆時，我會有新的事情要擔心或煩惱。

或者，如果它確實重要，如果它是一個會產生壓力、需要處理的嚴重問題，那麼，在事發當下先接受眼前情況，而不是立即動怒或有所反應，你便有餘裕可找出可行的解決辦法，而不是只會反應。

如今我比較能瞭解，不論出現什麼惱人的事，事發原因大概與惹火我的人關係比較大，未必與我自身有關。令人惱火的人必須常與憤怒為伍，我不過是瞥見了這樣的人會是什麼模樣。

如果你認為某某人非常討厭，相信我，他自己也是討厭自己的。如果某某人是森林裡的混蛋，但森林裡沒有別人，那麼，他還算是混蛋嗎？

日・

本人認為「世事短暫且無常」的觀點可應用於日常生活，這一點我很喜歡。

認清憤怒會導致壓力和疲憊，也有助抑止怒氣生成。鮮少有人會在發怒之後還感覺舒坦的。要釋放因怒氣而生成的壓力，主要方式就是再生氣。如此轉移注意力還真是聲勢浩大，浪費時間和精力。

有了自覺，我盡力避開會引發壓力的事情，不只是各種狀況，還包括破壞力強大的人（如果我在躲你，你就知道是你）。與其讓腦中滿是負面想法，我大可轉而專心和支持我的人事物建立連結。

「受け入れる」並不意味順從、讓步或接受有害的狀況，或是屈服於淩虐剝削的關係。它其實意味理解你我都是由周遭的他人界定出來的；這表示個人切莫自視獨立於這些關係之外。

它也意味，一旦揚棄以「自我」為中心，我們便有能力改變那些會帶來強烈苦痛的狀況，同時建立起關愛與尊重的人際關係，並且參與其中。

日本與美國這兩種文化在自我認同上有一個最主要的差異，那就是美國的個人比團體擁有更大的權威性。這一點在日本正好相反：團體會建立你的主要認同。

重量級的日本心理學家河合隼雄就舉了一個極佳的例子，說明這種差異。他在《佛教與心理治療藝術》當中寫到，日本的演說者通常會在演講前先道歉說：「首先，我得說我沒有資格來演講，也不具備容許我在此處高談心理治療的知識。」這是因為「當日本人群聚在一起時，會產生一種一體感，不論眾人彼此先前是否認識。一個人不應該與他人分開而孤立。」河合隼雄將這種團體認同與典型的美國演說者做對照，後者往往會以笑話開場，「好讓現場聽眾一起笑，體驗這種一體感。」

麥高登在《人生的意義是什麼？》書中補充說明了這個道理。他指出哲學家濱口惠俊提出的日本與西方心態之間的差異：「濱口創造了一個新詞彙『間人』，指稱日本人的自我：個人的身分是在自己與他人的連結之間存在。相形之下，西方的『個人』身分則存在於自主性的自我之內。」

所以哪個比較好？是日本的團體凝聚，還是美國的自主心態？其實都不太好。誰會想日復一日感覺遭到團體的限制？誰又會想嘗到被團體排除、孤立無援的寂寥？

河合隼雄曾在美國加州與瑞士接受專業訓練。我同意他的看法，我們應該擷取日美兩種文化當中的精華。「在追尋後現代的意識時，」他寫道，「我想我們能漸漸相互瞭解，發現對彼此有利的新面向。」

日本會發展出接納與靜默的文化有其原因。即使在今日，日本的人際關係當中依然可見古老的行事風格、互動方式、禮儀、文化道德以及期望等，這和美國的友誼、工作、休閒、家庭與婚姻經驗截然不同。

這些習慣是日本因其獨特的環境而養成的。由於地理位置之故，許多事情在日本長期以來都沒有太大的改變。千百年來，相較於世上大部分地區，日本文化都顯得更為孤靜。

美國在地理位置上孤立於多數美國人祖先的發源地之外，只有原住民和來自鄰國的人例外，這代表美國人雖受先前世代的歷史、記憶與規則影響，但還是有可能養成新的性格。

美國有一個迷思，就是認為你在這個國家可以成為任何人。你能改變自己的姓名、外貌及目標，不必遵守團體規範。你不必跟你的父母一樣，你可能出身貧賤，死時卻家財萬貫。

誰想成為百萬富翁？

無法實現這種幻想，就是美國人生活壓力如此龐大的眾多原因之一，以為無法成為迷思中的那個人是個人的錯，認為你之所以失敗，是因為不夠努力。

但是，哈佛與史丹佛大學的經濟學家拉傑·切蒂說，實際並非如此。拉傑和他的團隊繪製出一張「機會地圖」，圖上顯示，相較於個人因素，你的郵遞區號更能決定將來的成功與否。

只要造訪 www.opportunityatlas.org 這個網站，輸入郵遞區號，就會看到所得水準和你成長的地方其實是你日後財務成功與否的關鍵因素。當然，有些貧窮區域的人會比同區的其他人來得成功，有些在富裕區域長大的孩子日後會變窮。但根據這份資料，大多數人其實都維持著原狀。

只要努力就能成功的這個美國夢，果然是一場夢。這張地圖傳達的訊息並非不要努力了，而是如果你一開始沒成功，有可能是因為種族、性別與階級等因素，才導致你缺乏系統性的經濟機會。

如果能瞭解你的壓力並非你獨有，就能擴大我們的討論範圍了。這表示你屬於大團體的一部分，可能是窮人或富人，黑、白、亞裔或西班牙裔，中產階級或藍領階級，異性戀或性少數，年輕或年長。還有，讓你不快樂的因素應該也會讓你的團體或所屬的幾個團體中的其他人不快樂。你不孤單。

知道自己感受到的壓力不只是你個人的事，會對你有幫助。無論你如何朝自我精進的目標邁進，都是好的，但是，團體中的壓力來源終究還是需要處理才會消失。

是否學著在生活中與系統性的壓力來源共處，是你個人的選擇。無論如何，知道自己害怕與悲慘的原因終究是好事。

任何討論幸福的書只要能關注不幸福的經濟學，就會變得更有正當性。

誠如拉傑告訴我的：「我在世界各地都有家人。我知道成就不僅僅是努力的結果。」[3]

雖然對一個國家的人民來說，迷思可能激勵人心，某種程度上也能創造身分認同，但若是認真去看，這樣的迷思也會造成負擔和壓力。

在美國，你想當誰都可以；你能賺大錢，超越原本出身的經濟階級；你能像蠻荒西部的警長或淘金客一樣行走江湖——其實這些並不盡然正確。當然了，美國確實有不少人超越了原有的出身，累積了大量財富，但是學術研究證明了，大多數人只會停留在自己原有的階級和成長的環境。

贏家中了樂透，得到大獎，但那與美國夢的迷思相去甚遠。

劇作家大衛．馬密在某次訪談中說，電影公司願意為他的劇本支付如此豐厚的報

3 我與拉傑的訪談，刊登在我的著作《美國的印度移民：成就的心理學探索》中（New Delhi: Fingerprint,2016）。

酬，是為了迷惑眾人，轉移所有人的注意力。只要區區幾個贏家，「輸家」就能繼續抱著毫不實際的飛黃騰達美夢，就不會想去改變體制。那就像生活在賭場裡。

將迷思想像成能激勵人心固然令人興奮，也很棒，但這也意味限制活動的各種機構——學校、銀行、雇主、執法單位、醫療體系、法院——不會被人認為當中有問題存在。

接著，你可能就會這麼告訴自己：你的不幸是你的錯。你永遠實現不了夢想是你的錯。迷思是為了分散大眾的注意力，以免他們做出將之取代的改變。迷思同樣具有殘酷的懲罰作用，造成人憎恨自我。

相信迷思，會阻礙能務實處理壓力來源的行動。

如果你堅信自己能在美國闖出一番名堂，結果卻達不到目標，那麼應該怪誰？

怪你。

好像是如此。

日本的迷思也是在這個國家發展過程中特有的。關鍵的迷思之一，就是表面的凝聚力：事情必須看起來一板一眼，而團體必須去參與創造這樣的表象。[4]

日本之所以會產生這種追求表面凝聚力的動力，是因為這在許久之前就是日本人生存的關鍵。在面臨大自然與孤立的危險時，個人是毫無存活機會的。此外，種植稻米是日本經濟千百年來的支柱，這也需要團體形態的大量人力。表面凝聚力是為了鼓舞人心，也是追求安全與生產力的途徑：與他人同心協力創造一種和諧團體規範的表象。

往正面看，這意味你在行動之前要先想想自己的行為會對其他人造成的影響。不要干擾事件進行。如果不一起行動，我們可能就無法達到你我的最佳利益。

日本的地理條件嚴峻而險惡，世上罕有其他地方像日本這樣，必須面對頻繁的地震、海嘯及火山噴發。

除了時至今日仍不時發生的天災危機之外，根據《中央情報局世界概況》的資料，多山地形、海平面與工業化地貌導致日本陸地僅有百分之十一·七適合耕種，在世界排名第五十一，甚至還落後喀麥隆、蘇丹、巴基斯坦、義大利等國。結果，飢荒、維生最低飲食與佃農耕作成為日本農業的特色，大約七十年前都還是如此。

4 日本的學校會大掃除，打掃教室和走廊。西方媒體報導這種活動時，說得像是某種驚人的自我犧牲與自尊之舉。儘管學校一塵不染，但是融合性特殊教育計畫卻少之又少，為有學習障礙的孩子改裝的教室也不多。所謂的進步，是透過無數的制式考試來評估，而非參與討論或分析書面作品。

當日本有了新發現的財富之後，開始大量進口海外農產品，包括來自東南亞的稻米、南美洲與非洲的水果，以及美、中兩國的大豆。日本廣受讚譽的醬油、豆腐和味噌，絕大部分都是以外國種植的大豆製成。

地形與糧食供給是界定一個國家的重大要素，而日本在這之外還要再加上與大陸分離的地理孤立性。中國、韓國、葡萄牙、荷蘭、美國，以及現在的全世界，這些形塑了日本文化的外國影響力進入後，在日本發酵、茁壯，最後又反過來受到當地的孤立社會影響。

這些因素在在促使「團體」在日本成為意識與社會凝聚力的中心。創立團體的絕佳方法，就是建立每個人以相同方式產生的共同經驗，這主要是視覺與重複性的經驗。團體的任務是以尊重的方式保護、鼓勵個人差異。相較於美國人傾向將無法實現美國夢的責任歸因於個人，日本人正好相反，往往會責怪自己無法融入或遵從團體的規範及期望。

然而，一如高度個人主義文化有其優點，日本在建立團體上的卓越表現也一樣。

在公共澡堂應該遵守規矩。祭拜。日常飲食方式。表現尊重。最重要的是默默「接納」別人與你的周遭環境。

日本文化以極具創意的方式將個人行為與社會結構合而為一。這種結合包括發展團體意識與歸屬感，以取代個人主義，使得接納或「受け入れる」成為生存的必要條件。日本是精緻大國，而非發明或創造的國度，這一點使得它既受讚譽也遭輕視，但日本也是一個永遠有可能出現藝術原創性的國家。

日本以精緻聞名，也是一個具高度原創性的國家。

雖然團體在日本的重要性高於大多數其他地方，但個人的努力在日本也受重視——如果那是以有創意的方式避免衝突，或是展現過去不被瞭解的面向，而為團體帶來好處的話。追求完美是日本日常生活的一環，不足固然屬於自然之事，但擁有能強化社群的目標，無論是子彈列車、安全城市，或便利、可負擔的醫療服務，在日本也都是理想生活的一部分。

他們也透過藝術與美食創造共同樂趣，增進團體文化與幸福感。

傳統上，大家所見、所吃以及吃法的變化範圍不大，也就是彼此沒有太大的分歧。變化有限能深化體驗。由於串燒、拉麵、烏龍麵、蕎麥麵、米飯或炸豬排通常在各處都有供應，日本人因此經常吃著相同的食物。餐廳往往只供應一種食材或固定套餐，大家吃的都一樣。許多餐廳甚至沒有菜單，而是由廚師決定顧客吃什麼（廚師發辦，お任せ）。[5]

這讓我聯想到感恩節。對我來說，知道大多數美國人這一天都在吃火雞，就表示這樣的共同經驗能讓眾人產生相似的共同感受與想法——至少一天。

當每個人都以同樣的方式吃著相同的東西，那種感覺有時便會自然而生——從筷子應該擺在桌上何處、米飯應該何時吃，到你應該坐在哪裡、怎麼坐。

這就像探索一族樂團團員Q-Tip所唱的〈We the People〉的歌詞：「肚子餓時，我們就吃一樣的東西，拉麵。」

這種一致性每天在日本全國各地上演。吃同樣的食物在別人眼中是一個象徵，代表你與他們有共同點。

所以進食就如同成為團體的一分子，也是一種努力，因為盤中食物而成為大自然的一部分。大自然作為團體經驗的一個面向是一種現代的體驗。

它始自許久之前。

「自然」在平安時代（公元七九四至一一八五年）成為日本藝術中的重要主題。一種「受け入れる」的形式在當時引起藝術家的注意，而且至今仍影響著他們的意識；這從藝術家對無法長久的事物——櫻花、青蛙、蟋蟀、螢火蟲——特別關注，即可見一斑。

村上春樹就寫出了這種對短暫的依戀與接受，以及他對易逝的事物是何等珍視。若不注意、若不盡力觀察，我們就會迷失，會與自然隔絕。

村上寫道：「櫻、螢或楓，都會在轉瞬間失去其美……知道它們不只是純粹的美，而且也開始掉落、微小的光芒消逝、耀眼之美散去，內心竟有寬慰釋然之感。當我們眼見美之極致消散、逝去，心中反而找到平靜。」

事物消逝後，我們能接受它的不在。消逝的重要性不亞於存在，或許還更重要。因為失去而得的平靜，那是一種「接納」的深刻形式。

接著室町時代（一三三六至一五七三年）來臨，出現了「幽玄」。日本朋友向我解釋，「幽」是指深不可測的神祕事物。這個名詞或概念對日本的藝術及心理至關重要：事物以暗示表達；間接是一種邀請別人更仔細觀察的方式。進一步觀察會造就要求：你必須靜默；你必須傾聽、吸收，相信你所見所聞可能是另一個隱匿的核心的象徵，唯有拋開自我和己見，才能瞥見或掌握那個核心。經由這個過程，你也加入了其他想一探究竟者的行列。為了瞭解它，你也成為受觀察事物的一部分。美乃經由暗示、而非直接體

5 這對有食物過敏或個人偏好的西方遊客可能會造成困擾。

驗而得，要理解這種途徑，你只能靜靜觀察，欣賞它的短暫性，接受眼前發生的事物有變得比實際更多以及更少的可能。

面對具有幽玄元素的事物時，我們最後可能就身在那樣的事物中，成為當中一部分，而非置身其外。因為要瞭解、欣賞與接受觀察的對象，你就必須長時間認真地默默保持專注。你不能受自己的偏見與觀點引導，否則將會錯失那事物本身，無法在不受自己影響的前提下瞭解它的意義。

仔細欣賞日本書法、瓷器、漆器或和紙，你會有一種與物融為一體的感受——不只是透過觀察藝術，而是心知其他人也在做相同或近似的觀察。美學的一致性，以創作手法引發眾人產生相同的反應，是日本建立團體心態的部分過程。

「日本のこころ」意為「日本之心」，這可說明這些美學一致性的現象。[6]

•

接受自己在事物裡占有一席之地後，我們便更能專注去思考與感受。多觀察、少議論，也就意味著更能接納。

不妨試著發展觀察及洞悉的能力，透過這兩者去理解大自然對你的期望，以及最真實的自己。如此一來，便有可能去接納他者的感受、想法、恐懼和慾望，以及可能的助人方式。你或許也會得到面對或改變個人生活壓力來源時的必要能量。

（提示：重點不在你自身，而是在你與他人及周遭環境之間的關係。）

透過檢視自身的不完美，以及意識到生命的短促，「受け入れる」促使你慢下來，吸納周遭的人事物。人生並不完美，沒有任何關係會是完美的，你我最好把握當下，因為一切很快都會結束。（沒有痛苦是永遠的。）

受到日本俳句傳統影響的名詩人艾茲拉．龐德的這首詩，正是說明「受け入れる」意義的適切例子：

白日所剩無多
夜晚所剩無多

6 美裔日籍的日本學學者唐納德．基恩大半輩子都住在東京，他的美妙文筆讓全世界數百萬人更加認識日本。他形容這種美學體驗宛如置身於「典型的日式房間，內有鋪著榻榻米的地板、障子、掛著水墨畫與擺放插花的凹間，外頭則有一座毫不唐突、與房間融為一體的花園。」

生命如田鼠般溜走

不動一草一木

充實度日，接近自然，接受光陰短暫，以及無論我們怎麼做，自然都不會因為人的脆弱或作為而動搖。我們無足輕重。

「受け入れる」能藉由實際的方式應用於生活，這些就是避免我們自我沉溺的活動。認知到個人的幸福終究不及他人的感受來得重要，瞭解你我幸福與否端視我們能否給予他人滿足。每天花些許時間參與非生產性的體驗，有助我們跳脫自我，感覺煥然一新，或是回復活力。

這種思考與社會組織的方式在日本已有千百年的歷史。世上還有哪個國家會有一本經典在談「無為」的價值？禪僧吉田兼好在一三三〇與一三三二年之間所寫的《徒然草》，就在讚揚觀察的價值，以及放下個人考量而得到的平靜。

這些作法都是要接納我們與大自然及他者的關係，如此會予人一種平靜狀態，而在我們有意改變自身承受的壓力時能派上用場。

美國演員傑瑞·塞恩菲爾德曾在受訪中談到喜劇的意義時，告訴導演賈德·阿帕托，他在辦公室裡放著一張銀河系圖，好用來提醒他自己有多渺小，藉此紓解壓力——這就是「受け入れる」。（塞恩菲爾德補充說：「我深受禪學吸引。」）她後來接受電台主持人霍華．史登訪問時，又補充了看法：「我不太在乎自己享受與否，那不重要。我認為重要的是觀眾有樂在其中。」

當亞麗安娜．哈芬登成立一家公司，提供人們在工作日小睡片刻的空間，那就是「受け入れる」。閉上雙眼——不必發揮生產力。

當《遠方》雜誌報導大城市裡開始出現供人們一同沐浴的空間時，那就是「受け入れる」。

在日本，你會在咖啡店、小憩室、小型季節慶典以及公共澡堂裡感受到「受け入れる」。從早到晚，在全日本各地，從職場到住家，大家努力保持平靜，注意他人的需求，接受自己在自然事物秩序中的位置。

「受け入れる」成功地運用在日本的日常生活中，已至和諧與社群感明顯可見的程度，對人們的幸福感也有貢獻。

我常想起一則禪宗公案，這則公案就證明了「受け入れる」的力量。佛陀來到某村莊，立刻受到讚頌的信眾包圍。然而一名男子站在遠處，怒氣沖沖地斥責佛陀。他怒罵許久，稱佛陀是賊，不過是想收獲財富與名聲。最後，佛陀問他是否吼完了，男子回說罵完了之後，佛陀問：「如果你贈人以禮，但對方拒收，那這份禮物該屬於誰？」那男子輕蔑地笑說這正是佛陀的愚蠢之處。「屬於送禮者啊，連笨蛋都知道！」佛陀說：「那就對了。你的憤怒即是你的贈禮。我拒收，因此它屬於你。沒有人想要你的憤怒。」

這就是「受け入れる」發揮作用的方式。不妨想像一種與你常用來處理憤怒、恐懼和爭執的方式有別的作法。不是立刻反應，而是先接受當下情況，瞭解並接納對方的感受，而後決定後行動（或無行動），在雙方關係的脈絡中重整頭緒。

每當我收到帶著怒氣的電子郵件、遇上無禮的人，或是有人對我出言不遜，我就會想起這則公案，想到憤怒屬於對方，而不歸我。[7]

由於對團體重要性的認知，日本的社會團結而務實：大規模的槍擊案和毒品氾濫相當罕見、都市安全佳、大眾有禮，而日本女性的就業比例也高於美國。[8]

相較於美國人，日本人的平均壽命較長，醫療上的花費也較低。日本國家預算有百分之十・二用於醫療，美國則是百分之十七，然而日本的成效卻更好。

這之所以能成功，有部分要歸功於他們願意以公共衛生措施嘉惠團體（高於個人權利）。

接納、長壽與社群

美國人的平均壽命在全球排名第三十五；日本高居第二。[9]或者就如凌大為在《你的幸福不是這個指數》一書中所寫的：「日本人的醫療花費僅有美國人的一半，卻多活

7 注意：日本的問題在於過度仰賴團體為個人的生活增添意義。日本人可能會因為傷心而自覺羞愧——他們可能會自責，因為覺得「沉浸」在造成別人痛苦的情緒中，似乎會讓團體失望。心理治療與諮商幾乎不存在。即便個人身分因為屈服於團體思考而受損，還是有必須為團體著想的壓力。

8 這種情形從二〇一一年才開始，而且沒錯，女性從事的通常都不是高薪工作或擔任領導職位，往往也只是擔任一、兩年的約聘職位，而且得面臨抉擇事業或生育的處境。有些企業甚至會要求行政職務的女性員工穿高跟鞋，若是戴眼鏡也得改換隱形眼鏡。沒有人會期待日本在女權上高居領導地位。女性在日本並非核心頂峰，這種被排除在最高團體之外的處境導致她們難以得到改變所需的權力。日本男性有不屈不撓的意願與慾望，缺少洞見以及對女性的平等對待，一如世上其他男人。

9 香港的整體（男性與女性）平均壽命位居第一，高達八四．七歲。日本八四．五歲，美國七八．九歲。

四年。」[10]

美國人的平均壽命已連續三年下滑；根據美國疾病預防管制中心的資料，「這個惱人的趨勢主要是拜毒品使用過量和自殺致死所致。從平均壽命可見全國的整體健康概況，這些統計數據令人心驚，可說是一記警鐘，顯示美國人過早、且太常因原本可預防的病症而死。」

接納也與社會如何處理不平等和權利有關，涉及對那些極弱勢者、在重視技能的經濟中無立足之地者、慢性身心障礙者、缺乏適當教育者，或是單純無法適應社會者的基本支持。與其將他們邊緣化，或是隔離、指責、驅離，比較好的做法是實行接納這些弱勢者身為「人」的價值的規則與標準。在這些整合措施上，雖然日本對自家人也未達標準，但已經較世界其他國家好得多。[11]

日本人比世界其他地方的人更長壽，生活也過得較舒服，「受け入れる」功不可沒。它不是原因，而是一大促成因子。日本的富裕、社群以及傳統皆因此受益。

只要將美國的開放性、多元以及情緒彈性與「受け入れる」結合，誠如河合博士所言，我們就會有絕佳的機會創造出一個令人滿意、長壽與幸福的新模式。

它的主要重點並不在於個人的收穫或自我改善。若是透過接納、傾聽、欣賞，以及重視社群與人際關係，創造並維持一種幸福感，便能獲得更加不凡的意義。

最重要的是：幫助他人。

將日本與美國文化相結合，就能產生超越兩者之一的潛力。

接下來要稍微談談精挑細選、屈從以及文化挪用。

10 現在多活大約六年。

11 根據經濟合作暨發展組織二〇一五年的資料，日本最富有百分之十人口與最貧窮百分之十人口的平均所得比是百分之四．五，美國則是百分之十八．五。

BBC近期有一篇文章談及日本：「這個島國不但在世界銀行的整體政府效能、法治與政治穩定度評比上高居亞洲第一，社會進步指數同樣位居亞洲之冠，基本知識、用水與衛生、營養及醫療的普及度更是傲視群倫。」「健保普及，但醫療費用可能高昂，因為是以個人所得作為收費依據，從薪資中扣除——但國民可隨時就醫，支出則設有上限。」「教育制度則是該國另一優點；小學及中學為義務教育，而日本學校的品質也在全球名列前茅。但學校管控嚴格，非常制度化——可能因此過度標準化——學校重視營養，視之為教育不可或缺的一環，營養午餐是以當地食材烹製，搭配健康飲食及食物歷史的相關課程。」

精挑細選、屈從以及文化挪用

明治維新結束了封建制度，讓天皇復位。一八七一年，明治維新正式展開三年後，日本人發現，若是想在現代世界中競爭，避免遭到殖民，就得追趕上西方。為達到這個目標，日本當年派出岩倉使節團前往歐美，精挑細選出各國最大的優點，好讓日本從中學習，發展成更強大的國家。

簡言之，美國的交通等公共基礎建設、英國保留君主的議會民主，以及普魯士的科學研究方法和大學，對日本都有偌大的吸引力。

日本在傳統之道上又採行了這些組織社會的方法，帶來混合的行事方式，讓國家得以邁向現代化，成為世界強權。

因此，說受岩倉使節團啟發的這本書是在「精挑細選」並不為過。岩倉使節團挑選他們心目中最佳的西方事物，我們也能挑選我們心目中最佳的日本事物。

就像西方的個人主義是值得頌揚的理由，日本的團體和諧也是幸福的根本條件。我們可從採納對我們社會最好的事情當中相互學習。

我們別再重蹈覆轍。

這就讓我要提到屈從了。接受與屈從不是南轅北轍，就是僅有一線之隔，端視你的看法和身分。

我認為這當中有相當大的差異。以下是我的看法：如果一個狀況或一段關係需要耐心與觀察，那目前就先接受。擬定策略，而非關注技術性的步驟。狀況可能會改變。無論它改變或維持原狀，可能都與你現在所說所做的無關。如果你是從個人的角度去反應，可能會發現你把情況變得更糟糕。你有可能寡不敵眾。

沒錯，這或許不盡公平，但你能做什麼去改變它，好讓相同的狀況不再發生？請將眼光放遠：去規劃、組織與建立一項團體共識。當然，它應該不是只發生在你身上。它有可能是系統性、制度性的問題，或是一段怪異的關係所造成。既然它可能不是只與你有關，你就有機會讓別人與你合作，一起去改變不公不義之事。你並不孤單。

話說回來，屈從是一種折磨人的被動。一種對於你的身分及能力的不安全感。權力遭到剝奪。一種對你自己的不確定感。承認你作為一個人該有的權利遭到否定。身分遭剝奪導致憤怒，而這是一種不良的替代情緒。

日文以「仕方がない」（shikata ga nai）一詞來表達屈從，大意是「沒有用」或「無能為力」。即使在當事人的行動或許能改變狀況時，「仕方がない」也是退路。

「仕方がない」一詞反映了一種許多日本人抱持的危險宿命論與被動性。他們所受的教育是要接受不可避免之事，既不與權威爭辯，也不對抗專斷與官僚規定。這種屈從的說法是軍事統治下的日本平民提出來的。

誠如約翰．赫西在他的經典之作《廣島》中所解釋的，原子彈轟炸的受害者為什麼不再接受治療：沒有用；沒意義；「仕方がない」。

屈從是危險的。或許可以做點什麼；或許應該做點什麼；或許需要採取行動。屈從也可能成為一個人的性格，使得人在往後其他狀況裡也變得被動。

本書不是要談「仕方がない」，不是要談放棄或屈服。

正好相反：如果你能先接納自我，而後接納他人及你在自然事物秩序中的位置，就能體認到自己有責任在行動前先顧及他人。你可能會因而採行對自己生活在當中的世界更有利的行動：當你意識到自己與群體裡的他人有所連結，何必選擇讓情況更糟糕呢？

最後，我們需要談談文化挪用。我不是日本人，不必假裝我是，你也不應該。一如日本人挑選他們認為最佳的西方事物，將之應用在自己的文化上，進行現代化，你也可以精挑細選你喜愛的日本事物。

這不是建議你要穿起和服或開始學插花——但如果那是你的興趣，不妨就心懷敬意去做，體認這是在對一個陌生的文化表現尊崇與榮耀之心。不要當冒名頂替者。不要假裝成你不是的人。不要奪取不屬於你的東西，奪去它的真正意義。

不依賴文化挪用，接受自己的身分，而後才設法成為你想成為以及可能成為的人。就像蜜雪兒·歐巴馬在回憶錄《成為這樣的我》中所寫的：「我知道有可能同時生活在兩個星球上——腳踏實地，但朝著進步的方向……你建立更好的現實，就能有所進展，即使只在你自己的腦海裡……你可以活在現實世界，但仍能致力創造理想中應該出現的世界。」

第三章

吸入和諧

我們是誰，我們能變成什麼，是由你與他人的關係來界定的。在日本，這些關係是透過大量的共同活動發展而來，參與者的獨特性則是經由他們的參與來界定和為人理解。團體活動便成了焦點。

這些活動讓個人與家人、彼此以及社群更接近。透過參與，個人的幸福感同樣也會提升；諷刺的是，因為可以暫時忘卻自己，你對自我的感覺可能會好一些。能夠不將焦點放在自己身上，也就意味著關心他人，將更高的興趣與心思投注在觀察與接納上。

茶道就是一項沉悶、冗長、高度儀式化，但值得參與的活動。我告訴一位知名的北美文化人類學家及日本研究白人學者，我很喜歡茶道。他翻了個白眼、摸摸鬍鬚，又拍拍肚子。

「一次就夠了。」他說。

我和他一起笑了出來。他的意思是，茶道講求仔細、專注、重複又慢吞吞的特性，對美國人和大多數日本人而言都非比尋常。坐的位置、姿勢、必須說的話和說話時機、語氣，茶道程序之繁瑣，所需的耐心不只是泡杯熱茶而已，往往更像是在實現一種更深層的幻想。

但重要的是透過一種飲品與一個國家產生的連結。德國有啤酒節；日本有茶道。

同樣重要的是，認知到相對於它的一絲不苟，茶道容易出錯的特性也可應用在許多體驗上。參與其中時，我靜心等待，將外在世界推開。後來在其他場合，例如在超市排隊結帳，前面卻有個難搞的顧客時；塞車卡在車陣中，或在公園裡應付不知尊重他人的無禮陌生人時，我都能運用從刷茶中學到的冥思與靜默之道，耐心等待。世上罕有事物真如其表面所見的那般重要；就像饒舌歌手Drake所唱的：「風光一時，但來了又去。」（Had a moment but it came and went.）

茶道是一個文化體驗的縮影與高峰，它的緣起、結構，以及進行時的感受，都對我們在面對其他結構較鬆散的狀況與關係時有所助益：靜坐不動，專注，遵守規則，緩緩進行，享受一種簡單的體驗。

日常中的靜默與觀察，單純的像是喝咖啡、茶，甚或調酒，都屬於日本人所稱的「阿吽の呼吸」。誠如作家及編輯山久瀨洋二在他的佳作《日本性》一書中所寫的，這代表「吸入和諧」。他解釋：「如果你瞭解自己面對的人所處的位置，也能適度扮演你的角色，那麼就能掌控那個特別情境裡的對話交流，而且無需太多言語溝通。」

日本茶道名聞遐邇，多數人平常不會在家使用各種拭巾或柄杓、刷茶、慢慢倒茶、不斷鞠躬、過分講究倒茶與端茶方法、費力地將茶杯轉來轉去——這些都是茶道儀式中不可或缺的步驟。然而，當你在日本飲用一杯普通的綠茶，還是能學到茶道的悠緩與沉思哲學。

日式旅館房間裡通常會有一只細長的電熱水瓶，水瓶旁的漆器圓托盤會擺著小茶壺、茶濾，以及裝著芳香綠茶的小茶罐。

午睡前後，泡溫泉前後，你可以穿上浴衣，泡一壺茶，等待茶葉浸潤片刻。日本的茶杯小到能讓常人一手掌握。你坐在房內的榻榻米上，靠著椅背，啜飲一口，感覺如夢似幻。就在你努力保持清醒之際，或許會想到十七世紀寫下這首俳句的偉大詩人松尾芭蕉：

和尚喝早茶，
萬籟俱寂，
菊花綻放。

你在家中和辦公室也可以這麼做。不是進行茶道儀式，而是喝茶。你需要上好的綠茶茶葉、一只茶壺、茶濾，以及接近沸騰的熱水。

日本企業的員工每天都會喝下多杯綠茶，這能在不停的生產過程中帶來暫歇之效，創造一種與同事共享的活動，激發在田園風光中品茶的回憶。此外，茶也容易令人聯想到梯形茶園的美麗景象。

如此體驗超越了茶本身，但仍與茶有關。茶的清香能在你想像、甚或感受到蘊藏杯中的自然時，誘使嗅覺進入一種銷魂狀態。除了茶以外，過去與現在，獨飲，或與共飲的另一人共享的大自然，也能帶來一種幸福感，讓人忘卻自己的身分與所在，同時深化了感受到安全與活力的喜悅。

我想到松尾芭蕉筆下的和尚啜飲著茶，接受靜謐清晨領著他進入對花的觀察率先進入意識的那個境地。不，不是每杯茶都會帶你飛回過往，或是因此內心平靜。注意啊，松尾芭蕉俳句中的主角是個和尚。你是和尚嗎？我想不是。不過，若是你將喝茶納入日常，尤其是與親友或同事共飲，也許會發現時間慢了下來。你的觀察可能會更加入微，對周遭的人更能接納，而且喜歡咖啡因帶來的些許興奮感。[1]

日本最上等的綠茶有些來自靜岡縣，當地有低矮茶樹構成的梯形茶園，那景緻之美在雨中及採收前尤其為甚。造訪靜岡時，我們開車沿著陡峭的山坡前行，一排排完美的茶樹高低有序，顏色鮮明，讓我看見秩序與豐富、努力工作，以及不畏艱難全心投入帶來的可能性。

靜岡的製茶業正遭受眾多威脅，包括來自中國的競爭（當地工資低廉許多）；年輕一代離開鄉間前往城市尋求社經機會，一如世界各地的現況；還有龐大的種茶生產成本。[2]

所以在你享受一項代表日本的產品之際，你也支持了需要協助的農業社群。

在美國，從加油站的便利商店到超市，到處都能買到綠茶，不過，若是想要最好的，

---

1 綠茶的咖啡因含量各有不同，視品牌和沖泡時間而定。大部分美國的綠茶品牌咖啡因含量都相當低，而日本茶的含量大約是美國茶的四倍。這一點我能作證：在日本，一整天會議開下來，每場會議都會供應綠茶，而且我們都會喝。我往往會在平常就寢時間過了許久之後都還清醒著。請遵照平常的飲食原則，喝茶適可而止為宜。

2 在 nippon.com 上有一篇文章指出，「根據二〇一五年的普查結果，日本農業主要就業人口的平均年齡在過去十年間提高了七．二歲，來到六十七歲……農民年齡提高以及後續勞動量減少被視為是日本各地休耕與廢棄農田漸增的主因，引發了對農耕區域即將崩壞的憂慮。」製茶業如何存續？補助。日本政府大力補助農業，儘管許多補助都流向支持執政黨、具有政治重要性的稻農，但茶還是必須仰賴政府的經費才能生存。簡稱農協、納入茶農的全國農業協同組合中央會仍持續對抗進口至日本的競爭品，要求政府減稅，並將補助需求排在優先順位。這樣的未來可不樂觀。

不妨試試一保堂。這家數百年歷史的茶鋪來自京都，在曼哈頓的莫瑞丘區設有門市，你也可線上訂購，商品會從日本郵寄到府。一保堂線上商店有自家的各類產品，應有盡有，包括有機茶與無咖啡因茶，也提供如何搭配鹹甜茶點的建議。

麻煩來杯咖啡

日本也是世界第三大咖啡消費國（僅次於美國和德國）。咖啡沙龍在過去的政治文化中占有舉足輕重的地位，如今在日本人的生活中依然相當重要。

社會管控嚴格的日本在西化之前幾乎沒有可供人交流的公共場所，一如有統治階級歷史的其他地方。「這裡」是貴族去的，「這裡」是和尚去的，「這裡」是男人去的，「這裡」是娼婦、商人與窮人的區域。整個國家受到分割，咖啡沙龍花了很長一段時間才打破如此的藩籬。

日本的咖啡來自巴西，十九世紀時，有日本人前往巴西當咖啡園的契約農民，後來才成為採購商、批發商和出口商。日本早期的咖啡沙龍算是首批的公共空間，經濟階級互異的男男女女可以坐下來好好放鬆，不會遭受非難。此外，沙龍裡還聽得到爵士樂。

爵士樂至今仍是日本咖啡文化當中相當重要的一環。我在東京造訪的第一間「喫茶店」，一進門就能聽到店內完美的音響播著巴德．鮑威爾，接著是約翰．柯川、邁爾士．戴維斯以及班．韋伯斯特。當下我的感覺就是：哇，我過去對日本的瞭解根本大錯特錯。

肯尼．賈瑞特告訴我：「對於來聽爵士樂的聽眾，我會這麼說：一般而言，日本文化的特色在於一致性，不過還有一個特色，就是人們期望變成個人。知名鼓手與樂團團長亞特．布雷基就讓日本人聽到具有那種特色的音樂。」

爵士樂依然是這種探索與體驗的重要一環：那是一種自由，甚至鼓舞，你大可放手、即興，讓一切成為可接受的公共行為。你可以當一個「個人」；團體准許你那麼做！

日本最早的咖啡沙龍是三教九流都能自由交談的地方，討論一些往往源自西方的想法。這樣的激進行為在當時充滿威脅性，因此當日本成為極權的獨裁國家時，警方就強行關閉了這些沙龍。

如今，即便國際連鎖咖啡館威脅到它們的生存，咖啡沙龍依然隨處可見，在日本人心中占有特殊地位。部分原因就在於咖啡的供應方式。

首先，在咖啡師的引導下，你要挑選烘妥的新鮮豆子（常裝在標出烘豆日期的容器內）。如果你是常客，咖啡師會在你開口前就知道你想喝什麼。或者，更棒的是，你可以讓咖啡師幫你決定。咖啡師接著會將豆子放進小型磨豆機，以手工磨豆。咖啡師會將水加熱到他或她認為完美的溫度（或是記得你最近造訪時偏好的溫度），接著緩緩將水注入手沖咖啡壺或滴濾篩粉器裡的咖啡粉上。這段約是十到十五分鐘的靜默，只有磨豆、煮水、慢沖以及老派爵士樂的聲音。

至於成果是否比採用更具效率的方法煮出的咖啡好喝，可就有待評斷了。我只知道，這過程當中的視覺享受及緩慢速度絕對是整體體驗的一環。忙裡偷閒，從生活的快速節奏中抽離，感覺著實相當放鬆。

全權交給吧台後的專家，感覺真好，讓他或她決定哪種豆子最棒，哪種烘豆法最佳，豆子怎麼磨最優，水應該煮多久，還有，在何時以什麼方式喝下咖啡。你當然可以選擇，但何必麻煩？咖啡師是達人，是老師，你賦予「任かせ」——決定權的人。這就為節奏與心情定了調，你固然會希望咖啡最好不難喝——通常都很棒——但重要的是，你感覺就像置身在咖啡師家中。這種交付權力的舉動是一種展現信任與營造親密感的方式。

日式咖啡沙龍在美國各城市裡的數量日漸增多，一旦進入它們創造的世界，就可能得到某種幸福感。透過緩慢的備製過程和咖啡因引起的興奮感來操控時間，感覺著實驚奇。這些都還伴隨著六十多年前錄製的薩克斯風、鋼琴、喇叭、鼓及貝斯樂聲。有趣的是，這種咖啡體驗也與音樂相互輝映：這兩者的緩慢特質是客觀的結構，而即興元素則源自個人經驗。

你在自己家中也能重現這種體驗。

我買了一台很棒的日本手動磨豆機，晚上——不是每天晚上——慢慢研磨隔天早上要用的咖啡豆。你也能添購日本的玻璃咖啡壺，耐心慢慢烹煮，依你喜好的濃度注入熱水。就算你對這個費工的過程不太著迷，還是能在細心啜飲、品嘗咖啡風味當中讓自己鬆緩，而不是等著咖啡因的強烈興奮感衝上來。我的意思是，你品酒可不是為了喝醉，對吧？請給予咖啡同樣的尊重。放緩腳步就是在創造觀察所需的空間。你在觀察時，就能接納自己的位置與身分——別緬懷過往，莫焦慮未來，更享受當下，單純地細細品味在沸騰熱水中甦生的咖啡香。享受喝下咖啡之前的等待過程，也成了體驗的一部分。

走進酒吧

還有調酒。一如許多從西方傳入的事物，調酒在日本跟在美國見到的別無二致，卻又截然不同。日本人最初的想法是接受西方習俗，但要將之改造成適應日本的行事風格。近來在日本享受調酒的重點是在創造一種不侷限於個人的氛圍。酒吧環境與調酒方式帶來了一種群體的體驗。

晚餐之前喝調酒的觀念在日本並不普遍——直到最近才有了改變——因為酒精會麻痺感官。[3]如果你干擾了味覺、嗅覺和視力，食物也就失去原有的美味，對廚師也是一種侮辱。所以調酒還剩下什麼？答案是一種對季節與展演的深度鑑賞。

日本調酒會利用新鮮的草本香料、植物及當季水果製作，而且這些素材的重要性甚至不下於酒精。這表示，即使你人在銀座昏暗的酒吧裡，耳中聽著爵士樂音，放慢速度，你還是能感受到自然。

盛酒容器同樣重要。從高級酒吧裡裝威士忌調酒的巴卡拉水晶杯，到盛裝某種添加柚子的調酒的纖細玻璃杯，你眼中所見與口中喝到的一樣重要。這正是日式美學。

他們會用冰錐從碩大的冰磚敲下一大塊冰，再雕成完美的冰塊或冰球。調酒師則像演電影般換上特殊服裝，穿著燕尾服或蘇格蘭裙，綁上頭巾，特地為調酒營造一種體驗或情境。

這種作法屬於一種歷史更長久的日本傳統，也就是在公、私行為之間存有龐大的鴻溝。日文用「建前」（tatemae）一詞來表示在眾人面前的自我。真實的那個人則在家裡。

私下的自我日文則用「本音」（honne）表示。

人在他人面前可能會創造出一個自我，扮演某個角色，表現得與私底下南轅北轍。此舉創造出一個新的現實，而客人只能接受。同場加映：現在，身為客人的你也能扮演一個角色。

卡拉OK就將這種戲劇手法運用在人際關係上。比如說，在新宿或澀谷的卡拉OK店裡，你可以當牛仔、搖滾巨星、幫派分子，什麼都行。喝酒則會讓這種表演更加精彩。

這種情況在我將近二十年前首度造訪柏悅酒店，參加電影《愛情不用翻譯》首映時就見識過。丹尼爾．巴魯、安德魯．卡梅利尼、馬克．費倫提諾與瑞奇．托里西等名廚是我之所以受邀的原因；丹尼爾請我同行。[4]我們擠進一間哈雷機車旅館的卡拉OK

3 日本的酒吧通常一次是倒一盎司（約二十八克）的酒，相較之下，美國的酒吧會是兩或三盎司。有此差別的原因很多，其中包括大半日本人的體質難以代謝酒精，因為體內缺乏足夠的醛去氫酶，有可能造成臉紅、噁心、疲倦以及很快就酒醉。

4 透過多家贊助者結盟，從詹姆斯．比爾德基金會、柏悅酒店到日本航空，巴魯大廚受邀到日本參加這場餐會。因為我當時做了不少公共電台報導，他便邀我隨行。事前我有兩週可打包行李。另外兩名作家亞當．沙奇與亞當．拉帕伯特也一同加入，我們徹底探索了東京。餐廳人員大部分時間都得工作，但兩位作家和我的電台節目製作人時間很多，想做什麼都可以。

室。現場有酒水供應。丹尼爾柔情地唱著「我走我自己的路」（I Did It My Way），馬克跳上鋼琴，扯開嗓門唱「天生勞碌命」（Born to Run），我則咆哮「白色暴動」（White Riot）。

銀座的 Bar Lupin 是過去川端康成與太宰治等日本名作家時常光顧的地方，到那樣的老派酒店能獲得這種體驗的另一種版本。這家酒吧隱身在某條小巷內，進店前必須走下一段狹窄的階梯。儘管你絕對不會在那裡唱歌，卻能嘗到化身為另一個人、而非做私下的自己的那種滋味。

調酒師知道這一點，也鼓勵這種展演。事實上，就跟美國一樣，客人就是表演者。你在觀看他們，看顧吧台的那個人也在看你。

調酒師會以靈巧的手腕動作引人目眩神迷，就像魔術師變魔術，將冰塊和酒液倒入搖杯。接著，他們伸長雙臂，猛力搖晃將近一分鐘。或是取一根金屬長棒，有條不紊地攪動。

山本根是目前東京酒吧圈中最耀眼的明星。身形高瘦，穿著白色西裝外套，繫著深色領帶，山本根在麻布十番區擁有一家與自己同名的小型酒吧。這裡的調酒專注於季節感，會為顧客奉上四到六杯的精緻小杯調酒。時間在他的酒吧裡戛然而止，陌生人會彼此交談，因為我們都喝著同樣的調酒，每一杯都是下一杯的預告。

「我的こだわり（kodawari）是一期一会）的。」山本根告訴我。「こだわり」大致上可譯為透過不斷重複的練習，以及極度注重細節，奮力追求難以企及的完美。「一期一会」意思是「一個偶然，一個機會」，背後概念則是去認知、瞭解與接受生命的短暫。「我每次都盡最大的努力。不然，我們也能一起設法解決。」

每次到山本根的酒吧，我喝到的調酒都不同。記得初次走進這間布置得宛如聖所的酒吧，我想點的是琴酒馬丁尼。那是很久以前了，當時我頑固又天真。不過，我最後還是決定交由大師全權處理，由山本根決定我喝什麼。他一向都是對的。

怎麼可以不由他來決定呢？他耗費驚人的時間研究了草本香料與植物，尋找來自遠方的素材，又用了無數時間讓自己的調酒臻於完美，使之出人意料、愉悅、原創、令人肅然起敬。他的原創性絕不浮誇；不像某些大廚和調酒師，山本根不會只為了展現創意而創作。他要求嚴格，一如日本的頂尖大廚，為自己的作品去蕪存菁，而非錦上添花。他是個極簡主義者。

像山本根這樣的人有如鳳毛麟角：他滿懷狂熱，又是一顆激勵人心的明星。

雖然你無法將住家或公寓變成一家日式酒吧，卻可以花點時間調杯酒，而不是只將焦點放在喝酒上。這意味著用酒量少一點，採用當季原料、精緻酒杯，甚至是待晚餐過後才喝上一杯。

日式酒吧在全美各地如雨後春筍般出現，當中最好的一家當屬「天使之杯」（Angel's Share），位在曼哈頓的亞斯特街）附近，隱身在某棟小型建築的二樓，你得爬上一段階梯，打開一家餐廳裡隱蔽的門才能進入。在那裡，你就像置身在日本酒吧，也能享受到日式風情。

•

茶、咖啡、調酒，這些體驗都有一個共同點，那就是予人期望感。那樣的等待與觀察深化了滋味。藉著讓期盼與實現欲望具有同等的重要性，我們對自己、人際關係以及周遭環境也更加了解——因為尚未滿足，我們會更留意各種可能。

還有一樣東西同樣重要，也是這些體驗的核心，那就是靜默。日本人有一些日常活動會創造出話語在當中實顯多餘的場域。在日本，客人常會在一旁觀賞職人調製茶、咖啡與調酒的舉動，他們不發一語，專心看著職人調製飲料，這是一種尊敬的象徵。

日本的大小城鎮與村莊都有非常小型的咖啡館，有的座位少到僅有吧台前的區區三個，而且十分安靜。多年前，我的朋友優子帶我到六本木新城一間現代美術館附設的茶室，地點就在壯觀高聳的森大樓轉角。茶室裡只聞潺潺流入長形水槽（用來清洗碗盤與杯子）的水聲、刷茶聲，以及輕聲交談的聲音。你很難相信在這個世界之外就是那龐大的首都。

盡可能撥出你能掌控的時間，靜默地享受一杯茶、咖啡或小酒，你就能在自己的住所創造出如此體驗。關掉各種電子裝置，全神貫注，不管外界紛擾。或者更徹底，不發一語。

接下來，重點就是透過靜默與別人溝通了。

•

回到接納的一項定義：「一個為人母者溫柔地接受一樣東西，在心裡想像起來很有趣，接受現實。」

你見過母親和孩子彼此之間默契十足嗎？他們無需言語。言語反而形成阻礙。

第四章

睡眠

從新潟開往佐渡島的船在日本海上輕輕搖晃，武建議我一起去公共大艙房小睡片刻。

我和武相識大約十五年了；他是個生意人，也是我很親近的好友，我們是在「酒之陣」這個新潟的年度慶典上認識的；這活動有近百家的清酒業者參與，你只要花大約十美元，就能在會場清酒試喝到飽。有些老人喝得不知節制，只好被人扶出去。

武和我為了幾篇我正在寫的文章前往佐渡島採訪，工作告一段落後搭船返航。我們走進的艙房大約就像郊區公立中學的教室那麼大，裡邊沒有家具。眼前的薄地毯上擺了許多墊子，占據每一吋空間，墊子上放著一條條毯子，摺得整整齊齊。牆上的窗戶外只見瓦灰色的海水和海平線。陽光穿透布滿烏雲的天空，直射而下。

我看見幾個家庭、夫妻和朋友慵懶地躺著，私人物品就放在腳邊或身旁。艙房裡大約有三十個人——不過，從現場的靜默絕對感覺不出來。那裡靜得像圖書館，連悄悄講話的聲音都沒有；只有打盹或熟睡中的男女老幼的呼吸聲。幾個沒睡的人則在看漫畫或打手遊。

我們脫掉鞋子。

武帶著我輕手輕腳地走在墊子間，來到窗邊角落這個黃金地段的兩塊空墊子。我們放下東西，我摺好外套充作枕頭，躺下，闔上雙眼。船的搖晃正好助我入眠。

我很快就沉沉睡去。

在滿是陌生人的房間或地方睡覺在日本算是稀鬆平常之事。從地鐵上因為（老闆要求）加班太晚而累到打瞌睡的上班族，到渡輪上的小睡室，「放開」是日本文化的一部分。約占半數人口的日本男性具有絕對的安全感，更是深化了這種經驗。[1]

日本文化已發展出獨特的方式，讓個人在受到社會一致性的束縛之際，還能建立幸福感。這些活動的共同點是一種「失去自我」的方式——透過個人自身之外或修正意識的經驗，來改變想法與感受。

船行途中，躺在墊子上讓我回想起童年時光：艙房裡的這些人雖然與我非親非故，但他們很安全，在他們旁邊睡一陣子也沒關係。生活似乎因為各種可能而更顯豐富，我感受到滿滿的幸福感。

在美國，要是我們有精力，就能為解決問題而多做點什麼。在承受龐大壓力時，我們會疲累到無法應付造成壓力的狀況。人在疲倦時會變得消極而認命。若想改變壓力來源，就需要力量與韌性。而獲得安適感的最佳方法之一就是脫離。

有百分之一的人會小睡片刻。我們為什麼不效法呢？當我說小睡不該是統治及有閒階級的特權時，我可不是在開玩笑。

凱米．亞勒莫魯二〇一八年六月在 dazeddigital.com 上寫道：「能放鬆享受通常是富人的特權。現代的致富渴望有部分是你我都夢想著有朝一日可以不必再工作，有更多休息時間。無數研究都強調，資本主義造成嚴重睡眠不足的問題相當常見。」

小睡片刻吧。

漸漸地，大家開始意識到小睡片刻的力量。工作與家庭生活的壓力幾乎讓小睡成為奢侈，但只要可以，就睡一下吧。

放下這本書。

閉上雙眼。

1 電車上確實有性騷擾事件，情況嚴重到東京在尖峰時段甚至有「女性專屬」的車廂。《日本時報》在二〇一九年五月二十三日曾報導，手機應用程式「數位警察」（Digi Police）能「以最大音量發出『住手』的尖叫聲，或是產生全螢幕的求救訊息，讓受害者拿給其他乘客看，上面會寫著：『有色狼，請幫忙。』」不可將日本理想化！儘管個人隱私與安全大多數時候都會受到尊重，日本還是需要立即改善，讓正面的文化價值更普及。男人需要遵守這些普世價值，就像遵守法律，違者必須受起訴。如果空有法律卻不執行，又有何用？男性需要視女性同為「他們」團體的一員，接受「她們」。如果貶低他人的價值，社會依然不幸福。

能睡多久就睡多久。

我等你。

•

感覺好點兒了嗎？

有研究支持小睡有益身心。真的，這不是什麼艱深的科學。問問嬰兒就知道。

麻州大學阿默斯特分校的神經科學家蕾貝卡·史賓塞博士專門研究睡眠，根據二〇一八年十月英國ＢＢＣ一篇文章的報導，她完成了一項研究，似乎「率先證明除了整夜的睡眠之外，小睡片刻也對兒童的情緒記憶處理有助益……基本上，『沒有小睡的孩子容易情緒激動，對情緒刺激超級敏感。』她說——因為他們還沒消化當天稍早的情緒包袱。」

小睡能讓我們的自制力更強，消化資訊，接受各種狀況，不會衝動地對這些「看似」緊急的狀況做出反應。有充分休息的人能在這段自省時間當中找到藏身處，從那裡觀察，或許也做出改變。

我們都知道，有人會將挑戰視為危機，認為一切全是危機，都是緊急事件。這樣的人缺少消化狀況的持續能力，無法在決策過程中吸收、接納與考量別人。一個人若是活在急於做出反應的幻界，就會將周遭的變化當成危機。這個人應當小睡，免得別人還得承受他或她造成的無謂壓力。至少他或她在睡覺時，別人會覺得比較冷靜些。

畢竟，大多數成年人都不會亂發脾氣，至少不會像嬰幼兒那樣，不時為了各種身心問題及狀況而發怒。然而，有些人倒是常將壓力作為一貫的行事手法、生活方式，或是自己在內心小劇場裡飾演的某個角色。

他們大吼、尖叫、指控、不辨輕重緩急，將事情誇張化造成的強烈刺激，在在讓周遭被捲入的人痛苦不已。

就像對嬰幼兒那樣，小睡也是萬無一失的解決辦法，能將這種不文明轉變成夢中世界，那裡沒有騷動，麻煩人物可以盡情演繹他們的經驗，除了床單之外不傷及任何人或任何東西。

下次家庭聚會時，如果你可以對那個讓其他人懷疑為何得忍受他的脾氣的人說：「去睡一下！」那不是很好嗎？

日本對於小睡的矛盾心態是可理解的。由於來自上司與同事的壓力實在太大，必須長時間工作，導致日本人睡眠不足。戰後心態改變的速度其慢無比：從廢墟中重生，成為強權、七大工業國組織中唯一的亞洲國家、一個受尊敬的國家而非敵人。目前掌握著日本國家方向的世代是年逾五十五歲的男性，他們的觀念與情感責任其實深受其祖父與父親輩的創傷及目標影響。所以，一個人的疲倦會被視為是堅忍的象徵。要是你累到睜不開眼，那就表示你已盡了一切努力。

一旦這些男人的兒孫世代有朝一日接替了他們的位子，這樣的觀念就會改變。新世代會實現他們經驗的價值，與上一輩的價值將會不盡相同。在這之前，企業對長工時的要求仍難改變，但已開始允許、甚至鼓勵員工在上班時小睡。

這是典型的日式解決之道：避免衝突。老闆「贏」是因為有人來上班，員工「贏」是因為他們在上班時間小睡還能領薪水。管理高層沒改變導致疲倦的環境，而是增加小睡時間。另一個處理這項挑戰的方法是縮短每日工時，以及降低對產能的要求。不過改善制度總是比在結構上大改變來得容易。

日本對於西方辨識、處理精神壓力的方式，並沒有投入多少心力。診斷晤談、採用抗憂鬱劑與其他精神藥物，還有治療介入在日本都相當罕見。不過，日本憂鬱症的發生率和西方已開發國家大致相同，就連常被報導的日本高自殺率其實也不是真那麼高：日本的數據為百分之十八．五，位居全球第十四名，而在生活樂趣乃民族神話的法國則有百分之十七．七，位居第十七名。美國相去不遠：百分之十五．三，位居第二十七名。

事實上，二〇一五年美、日兩國在這項可怕的統計數據上旗鼓相當：「根據一項有效樣本約四萬份的調查顯示，二〇一五年，企圖自殺的人次估計在五十三萬左右（四十五萬六千至六十萬七千）。日本當年的自殺人數為兩萬四千零二十五，所以，自殺未遂與成功比大約是二十二，接近美國疾病預防管制中心的數據，也就是美國自殺未遂與成功的比率是二十五。」[2]

這代表日本不但沒有將預期中身而為人的必要挑戰視為疾病，而且也有其他較不具侵犯性、較自然的方法，讓人們能用來創造幸福感。

其中一項方法，就是將充足睡眠的重要性正常化。日本文化絕對不會將它睡覺與小睡的歷史視為日常中正常且必要的一部分，但諷刺的是，日本人會在美國人會視為禁忌的場域睡覺，這顯示了這些行為模式讓日本人睡得更多，工作更少。

2 感謝芝加哥大學比較人類發展學博士候選人珊雅．米克林透過電子郵件提供這份數據。

這個國家有潛力讓睡眠發揮更大的效用。套用我十年級幾何學老師的說法，日本人還沒睡出他們最大的潛力呢（他其實是在暗指我顯然不願意展現我的實力）。

如果他們要，就做得到！我們也可以。

•

我在東京電車上打瞌睡，在到站之前幾站就會醒來，因為會有身穿藍色制服的男子揮著棒子，叫所有賴著不走的人下車。末班電車在午夜收班，第一班則在清晨五點發車，也就是說，如果你遊蕩在外，就真的可能得在外頭晃一整晚。這是東京常見的景象，因為搭計程車是這座城市最昂貴的消費項目之一。好幾十個人宛如灰姑娘，要趕在電車停駛前回家。

我也會在商業會議上閉目養神，好讓眼睛休息幾秒，只是，進入夢鄉大約五分鐘，坐在一旁的朋友就會迅速用手肘用力碰我的肋骨。與會者能接受我的打盹是專心投入、努力不懈的象徵：這傢伙因為東京和美國東岸之間十二或十三小時的時差而疲憊不堪，但他還是現身了！他對工作全心投入，把自己逼到極限。是啊，很矛盾，我知道。

我曾經在咖啡館、公園裡小睡，在等拉麵店吧台座位時在候位區長凳上打盹，有回甚至在飯店大廳因為打瞌睡，差點錯過要載我到機場搭機飛往大阪的巴士。不是只有我；我身邊的男女老幼都在打盹。

沒有人不高興，打盹被視為是生活的一部分，放開，有些事情關注不了，那就讓疲倦襲來吧。我不是說這樣很理想，但對於打盹，我喜歡的是沒有人因此而不滿，除了末班電車上的警察。

想像一下，如果我們都有時間多睡覺、少點工作，會是如何。

我在家鄉美國，只要有機會都會在傍晚小睡片刻，大約十五到四十五分鐘，醒來後再加入這個世界。我很樂意經常能在公共場合打瞌睡，也把鼓勵大家多睡覺的概念加進求診者的治療計畫，這對減輕壓力來說是個好的開始。

我知道前來尋求我協助的人通常都睡眠不足；接受評估的人當中，約有九成會告訴我他們難以入睡，睡眠容易中斷，太早醒來，整晚惡夢連連。那樣隔天就毀了。要是能覓得可讓睡眠充足的方法，會比侵入性的治療法好上許多。首先，盡量想辦法多睡，看看感覺如何。壓力還是很大？跟醫師討論可能幫助入眠的藥物。這答案不是非黑即白；而是「何時」該用什麼方法得到一夜好眠。現代醫學加上輔助措施會產生不錯的效果。

一九三七年，「國內生產毛額」首度被用來做為衡量一個國家成功與否的標準。在這之前，世人普遍睡得較多，生產力較低。[3]經濟成長成為一項標準後，其他對幸福有所貢獻的經驗卻跟著貶值了。

比起其他地方，日本也沒有更好的方式能解決以國民生產毛額作為衡量標準的這項矛盾。不過，日本的這個與眾不同之處，也更可能找到對治的解方：睡覺的慾望以及對小睡的接受度（將之正常化）屬於日本文化內涵的一部分。想睡沒關係，很正常，可以不需醫療介入。

這時只需要：少工作，多睡覺。

說得倒是容易！

英國《衛報》上的一篇文章將日本人形容為愛睏一族：「在接受『臥室民調』的日本民眾中，只有百分之五十四的人認為自己每晚或幾乎每晚都一夜好眠。」

在日本相當普遍的「居眠」（Inemuri，打瞌睡）是一種極疲倦的狀態，也是一種諷刺的證明，顯示公然睡著的人實在是因為太投入工作，才導致自己超越了意識的極限。

就像前面提到的，我在日本就幹過這種事。

減少工作上的要求不是更好嗎？在這樣的情況來臨之前，日本企業已經開始能接受員工小睡片刻。日本政府意識到這個問題，認為企業的變通策略是可行的解決方案，因此也鼓勵小睡。現在有不少日本企業都設有小憩室及午休時間；此舉看似大方，或許也真是如此，但前提是員工不可離開公司。

「睡眠負債」是「二〇一七年日本最熱門的流行語之一」。掌權者樂於讓底下的員工做到筋疲力竭。在此要說清楚：這不是說位居高層者自己就會放長假，睡到飽。這是日本數十年來舉國上下瘋狂創造出世界經濟強權地位的衝勁所呈現的一種症狀。日本必須犧牲一樣東西，才能在西方強國之間占有它的「正當地位」。許多日本人認為，死後就能好好地睡了。比個人的疲勞更重要的，是努力工作以洗刷國家戰敗的恥辱。

嗯，我想，這項要與後殖民的強大西方並駕齊驅、成為世界強權的計畫達成了。接著在二〇一七年左右，睡眠遭到剝奪的日本人基本上是在說，儘管睡眠不足對父祖輩那

3 根據經濟合作暨發展組織（簡稱OECD）的說法，「GDP是一國在特定期間透過貨品與服務生產所創造之價值的衡量標準。因此，也能衡量來自那些生產而賺到的所得，或是花在最終產品與服務的總值（減掉進口值）。雖然GDP是瞭解經濟活動最重要的指標，卻不太適合衡量人們的物質福祉；採用其他指標或許更恰當。」

一代而言不成問題，但現在的他們需要更多休息。

日本企業想出別出心裁的方法，讓人可以在上班時睡覺。「東京 Nextbeat 公司設置了兩間『策略性睡眠室』——女性員工及男性員工各使用一間。」「地產開發商三菱地所……也為男女員工分別設置了三間小憩室。」這不只是基於人性化的考量，「幫助」人休息的設施而已。企業看到的是員工筋疲力竭時要付出的金錢成本。

「日本興亞壽險公司提供一種能測量睡眠時間長短與深淺度的可攜式裝置給員工，在該公司研討班授課的睡眠諮商師友野尚表示：『檢視睡眠越來越重要，因為工作效率低落與身心失調會造成龐大的經濟損失。』」[4]

美國的產業領導者與日本的業者有相同的憂慮。《Inc.》雜誌指出，「員工睡眠不足造成美國企業六百三十億美元的生產力損失，令人咋舌。」因此，有些企業自然會對此採取因應措施。

sleep.org 網站就指出，Ben & Jerry's、Zappos、Nike 以及 NASA 等企業，都設有小睡室供員工使用。支持上班小睡的企業中最知名的莫過於 Google。根據 CBS 新聞報導，谷歌有「辦公室睡眠艙，還附上喀什米爾羊絨材質的眼罩。谷歌的房地產與工作空間服務處副總大衛・雷克里夫在接受 CBS 訪問時表示：『有小睡艙的工作空間才算完備。』」亞麗安娜．哈芬登與其他人紛紛創立新公司，出租床墊和房間供人在日間小睡。哈芬登女士創辦的公司叫「全球繁榮」（Thrive Global），她指出「全球百分之八十七的員工沒有全心投入工作，百分之七十八的企業發現壓力是職場最嚴重的健康威脅，百分之九十六的資深主管表示自覺精疲力竭。」

美國人累翻了。除了經濟成本高得嚇人，健康風險也非常重要，美國疾管中心因此檢視了這個狀況，在二〇一六年二月發表的一項研究中發現「超過三分之一的美國成人經常睡眠不足」。

想想看，要是睡眠不足，你在工作及與親友相聚時會有什麼樣的感受與表現。你很可能會煩躁、容易激動、憤怒、情緒低落、注意力不集中。不過，想睡的也不是只有你。那麼，問題出在哪裡？

想知道是什麼造成了美國目前的混亂狀態，不妨看看失眠問題。如果美國人多睡點，起床後就會更有活力，而不管是要改善人際關係，或是害人夜不成眠的根源，充沛的活力都是不可或缺的。

4 摘自 Japan Times. "Japanese Firms Starting to Encourage Employees to Take Naps at Work." November 22, 2018.

當然，公民權被剝奪得最嚴重、最沒有權力的那些人，睡眠也是最少的。美國疾管中心的研究就指出，「在健康的睡眠時間上，夏威夷原住民／太平洋島民（百分之五十四）、非西班牙裔黑人（百分之五十四）、跨種族非西班牙裔（百分之五十四）以及美洲印地安人／阿拉斯加原住民（百分之六十）較低。相較之下，非西班牙裔白人（百分之六十七）、西班牙裔（百分之六十六）與亞裔（百分之六十三）則較高。」疾管中心也發現，「睡眠時間過短」，也就是每晚不足七小時，比率最高的是美國黑人（百分之四十五．八），最低的是美國白人（百分之三十三．四）。

•

睡眠已經成為商品，甚至是奢侈品，如果你負擔得起，就能擁有更多。疲憊對每個人的影響各有不同。

我們有些人能獲得充分休息，有些人卻總是（或大部分時間）疲累不堪，這是有原因的。在《幸福的幻想》一書中，卡爾．賽德斯多羅姆引用了《晚期資本主義與睡眠的終結》作者強納森．柯拉瑞的一段話：「強納森．柯拉瑞主張，資本主義如今隨時都在企圖對人殖民，包括大眾在睡覺時。他指出，在美國，一般人的睡眠時間從二十世紀初的十小時減少到了一九五〇年代的八小時，再降至今天的六個半小時……由於屈服於生產力邏輯，睡眠受到威脅。」

賽德斯多羅姆也提到柏林藝術大學教授韓炳哲的作品《倦怠社會》：「當時時刻刻都轉化成了要讓個人更具生產力或更有效率的機會，那麼在資本積累之外，也就再也沒有任何不具生產力的時間。這種對成就與積極性的執迷，會『產生過度的疲累與倦怠』。更糟糕的是，這是一種孤獨的疲累。韓炳哲繼續表示，會有『一種隔離與孤立的效果』。」

希望你運氣夠好，能為一家付薪水讓你在上班時間還能小睡片刻的公司工作。那麼，當你在充分休息過後醒來，就能想到改善工作條件以及獲得更高薪資的方法，也就不再那麼需要小睡了。

•

小睡是接受生活問題的一種方法，那就像是在說：「我離開一下，去小睡片刻。不工作了。」

這不是在鼓吹小睡能讓你更具生產力，不過，若是想在我們最幸福的無益活動上增加一點目的性，那也無妨。我對小睡的看法跟克林頓比較接近。

克林頓是我養的貓，原本是曼哈頓下東區的資深流浪貓（名字來自當地的一條街），整天大多都在睡。牠是我目前見過最放鬆的動物。這才叫幸福。牠會四腳朝天仰躺，呈現完全休息的姿態，看起來就像是剛被浪沖上岸似的。這貓咪腦袋裡不會去想該怎麼提高生產力；正好相反，那是牠絕對不會想到的事。

我告訴自己要多跟克林頓學學。

你也可以像牠一樣。

第五章

泡湯

這世上有沒有一個最乾淨、身體刷洗得最徹底的民族？要是有針對這種主題的研究，我們可能會得到答案。但我們知道，日本這個國家正努力沐浴，去除它實際上與精神上的髒汙。日本人喜歡泡湯，會到溫泉勝地和日式旅館度假，全家大小脫光光，但通常男女分開，泡在熱水裡，舒服地坐著，閉上眼睛，接受大自然的洗禮。一度在美國城市大量出現的公共澡堂，也讓人有和鄰居及陌生人共浴的機會，裸體的羞愧感確實會因此降低，甚至消失。

這不正是「受け入れる」的接納嗎！

泡澡在日本是合乎禮節的，日本人只要有機會就會浸浴，或想著要泡澡。從早上在家中泡浴缸，或在公共澡堂以一桶桶熱水淋頭開始，最後髒兮兮又疲累地結束一天工作後也要泡一次。

入住全日本各地都有的日式旅館時，我會在早餐前、早餐後、午餐前、午餐後、晚餐前以及晚餐後，跟其他住客一起泡裸湯。

有許多文化都相當重視公共與私人的沐浴，日本並非特例，但日本的洗浴方式與其他地方有一個很大的差異處。

古希臘人與古羅馬人將泡澡轉化為奢侈享樂文化的基石，當時的富裕人士會在專屬的休養處所享受這種奢華的逍遙快活。[1]

這才是重點：從古代乃至現代，泡澡在許多社會都屬上層階級的領域，是特權及財富的象徵。不然有誰能把時間和金錢花在泡澡上？

泡澡在西歐成了一種產業。小說家以水療城鎮為故事背景，旅行社推銷溫泉度假村行程。受到這些現象啟發，一個高端市場於焉成形，從瑪麗亞溫泉、艾克斯萊班、洛伊克巴德到維琪等水療城鎮都是。[2]

「接受療程」是泡澡在十九世紀和二十世紀初的講法。你去泡澡，擺脫壓力來源（或是嚴重的健康問題，例如在抗生素問世前無藥可治的結核病）。醫生基本上不會告訴你形成壓力的原因，前往這些水療勝地的目的，是要刻意在室內室外的天然溫泉浴池久泡，藉此忘卻病痛，進而「治癒」。

不過，泡澡還有另一個面向。過去，美國新移民或歐洲城市裡的勞工所住的房間或公寓往往相當狹小，沒有淋浴間或浴室可用。你現在還能在紐約下東區見到公共澡堂的遺跡。

小時候，我父親會帶我到曼哈頓時裝區的公共澡堂（他稱之為 schvitz，汗水之地），那地方位在一棟外觀單調的大樓地下室，裡面都是身形龐大的老男人，裸著身體，搖搖晃晃地在濕滑的磁磚上走動，在熱水浴池進進出出。他們一點也不安靜，時常發出呻吟，那種聲音是我從來沒聽過的：熟悉的是放鬆、甚至帶點喜悅的聲響；不熟悉的是明顯帶著哀傷的低鳴。在入池泡澡之間的空檔，我們會坐在一間潮濕的房間內，裡面有層層排列的木製長椅。有些男人會用帶著葉片和香氣的橡樹樹枝拍打身體。如果我現在閉上眼睛，靜坐片刻，就能回想起那樹葉的氣味和那些疲憊男人的汗水。

日本的泡澡既非典型的菁英取向，也沒有脫離日常。幾乎各社區都可見公共澡堂，你有機會認識誰是誰，同時也讓別人知道你是誰。你接受自己不完美的肉體，也接受別人的裸體。

當平時衣著光鮮的人褪下衣服，一絲不掛地在你身邊泡澡，要感覺到他們的威脅可

---

1 美國明尼蘇達州（「萬湖之州」）有一家公司就從這種獨特的墮落行為獲得靈感，借用義大利南部的古希臘殖民地錫巴里斯（Sybaris）之名，自己取名為 Sybaritic（在英文中亦有奢侈享樂之意）。根據該公司網站上的說明，登入後購買一個自己的私人泡澡艙，就能「與水合為一體」。有一款 Sybaritic 放鬆海洋艙吸引了我的目光：它流線的外型相當優美，如果我老婆看到這邊而且想貸款，花兩萬三千九百九十五美元買來送我，那就是史上最棒的耶誕禮物。

2 目前你還是能享受到精品級的水療，例如位在瑞士瓦爾斯的美麗浴場，是由榮獲普立茲克建築獎的彼得·祖姆托（Peter Zumthor）設計。你也可以造訪歐洲與北美洲的許多高級度假中心。

不容易。

我住過某家日本旅館多次，旅館老闆氣質不凡，高齡八十多歲的他舉止高雅，會讓周遭的人自覺渺小。這些年來，每每見到他，我們總會談及他經歷過的時代，以及他的旅行經驗和知識，我總是會緊張得說不出話。

直到最近，有回我在泡湯時他正好走進來。他脫下浴衣，露出纖瘦、結實的蒼白身體，在頭上淋了一桶水，然後跟我一起泡湯，那時，我才感到自在。

千百年來，全日本都認為和社區其他人一起泡湯會有數不清的好處。

我再舉一個更私人的例子，解釋我想傳達的意思，以及如今在日本泡湯是什麼樣的經驗。

最近我跟老朋友洋右在居酒屋共進晚餐。我們是多年前在一場食品研討會上透過共同的朋友認識的。洋右對美食充滿熱情，說美食就是他的信仰。他雖然有早稻田大學的政治學位，但目前是為在西方做生意的日本企業設計網站。

洋右和我匆匆吃完烤鮭魚、山椒豆腐、蒸地瓜等大約八道小菜。

「我想跟你說說我的新嗜好。」洋右說。

他平常沉默寡言，所以我知道剛喝下的啤酒和清酒就要打開他的話匣子了。

「喔？」我說。

「對。」他說。

我們又繼續默默吃喝。

「你的嗜好。」過了一會兒，我說。

「嗯。」他在咀嚼的空檔說，「對，我的嗜好。」

我繼續等。

「我喜歡做ＳＰＡ。」他說。

「ＳＰＡ？」

「對，我開始去東京各地的水療館，一星期幾次，發現這種體驗讓人非常放鬆呢。」

「每次都待多久？」

「平均三小時。」

「三小時？」

「嗯。」

「那裡面是什麼樣子？」

他解釋給我聽。

「好，」我說，「我們走。」

「今天晚上？！」他的表情又驚又喜。「太棒了！」

於是，晚飯後，洋右招了計程車，我們在新宿火車站附近的寬闊大道之間穿梭，而後轉進小巷，直到他要司機在一長排灰色的高樓前停下。那裡面看起來好像都是小型辦公室。

下車後，洋右開始搜尋。日本對商家招牌的大小與外觀有嚴格規定，因此就連當地人也可能找不到目標。最後，我們發現一塊標有眾多店名的橫式標示板，其中一個正是我們要找的。於是我們進了一座四人電梯上樓。

到了十樓，電梯門打開，是男士專屬樓層。（九樓則是男賓止步。）

現場跟我預期的完全不同。

小小的門廳就是登記區，櫃台是一名男子。繳交一千日圓後，我們拿到置物櫃鑰匙，可消費一小時，盡情放鬆。

各自脫光，將衣物鎖好後，洋右和我走過一條短走廊，推開通往浴池的門。

那房間大約是四座載貨電梯那麼大，裡面有冷水、熱水池各一座、幾張躺椅，還有一間烤箱。我們身邊有二十多個人，有老有少，大家也不顯尷尬，相當冷靜，彷彿裸著身體在陌生人之間閒晃是世上最自然不過的事。

那地方無涉性愛，只是一個可以放鬆、放心接受陌生的慰藉的地方。那種慰藉是因為這種極度脆弱的狀態而產生的。

待在浴場的那一個小時裡，周遭沒有人說話。從浴池起來的空檔，我就在躺椅上打盹。

泡完之後，洋右帶我到櫃台旁的休息區，只要付一千五百日圓，就能喝點啤酒、軟性飲料或威士忌，吃些零食。休息區旁邊是昏暗的臥鋪區，客人只要付大約三千日圓就能在此過夜。

這可不是廉價旅社或單人房旅館，現場的牆上掛有幾張日本職棒球員的裱框簽名照。洋右解釋，這裡跟大部分的水療館一樣，從生意人到名人，三教九流都會來這裡短暫停留。

「球員常會來這裡放鬆身心，」洋右解釋，「你在各地鐵站旁都能發現至少一間像這樣的水療館。光是東京起碼就有一千家，有些專門服務男客，有些專門服務女客。」

我不確定這樣的行業能否在日本之外的地方發展起來，不過，聽說目前在某些美國城市已經能見到，例如舊金山。但我明白這為何會成為洋右的嗜好。在體驗到那種脆弱狀態的同時，我依然保有安全感。那是一種隔絕外在世界的方法。水療館將各種刺激隔絕在外；那裡平靜、安寧而慵懶。

日本人到公共澡堂往往只會帶著輕便的包包，放著毛巾、化妝品等物品。有別於曼哈頓的蒸汽浴澡堂，日本的澡堂聽不到呻吟或嘆息聲，大家通常安安靜靜。一般人不會認為跟一群人在浴場裡袒裎相見有什麼好羞恥的；大家普遍接受那就是一種自然的生活方式。這又是另一種接納自己成為既定團體一員的方式。

在坐擁地熱能的日本，可泡掉煩憂的天然溫泉並不罕見。這也是一種接受：大自然不會變得比較溫和，日本永遠都要與火山和地震共存。因此，就算這些自然現象擁有強大且致命的威力，我們還是可以欣然接受天賜的溫泉帶來的好處。

最後，日本泡湯文化最重要的特色，也是我們能學習的，就是它的大眾平等。泡湯在日本非常普及，原本就是所有人都能享受。泡湯不是菁英階級的特權，也不是都市窮人的專利。[3]

泡湯前，必須先淋浴或拿木桶盛水洗淨身體，在走向浴池的途中，裸身的男男女女都必須以小毛巾遮住私處。

泡湯前後要用肥皂和洗髮精洗澡洗頭；在浴池裡就只是泡湯。一旦浸泡在浴池裡，你應把毛巾整齊摺好，放在頭頂或浴池邊。

在浴池裡，將頸部以下浸泡水中，此時你可以閉上雙眼，或是跟朋友輕聲聊天，盡量不要只當個「泡水」或「接受治療」的人，而是真正去享受親近大自然的感覺。許多溫泉旅館的浴池都以岩石圍成，或是位處森林中；露天的形式聽得見蟲鳴鳥叫，迎面而來的是吹過樹梢的徐徐微風。這世上沒有多少事能比在大雪紛飛或大雨滂沱之際泡在溫泉裡更教人感動。

基本上，在日本有兩種泡湯方式。你可以獨自泡湯，也可以和朋友或陌生人一起。這兩者都有其獨特的優點。

我此生最難忘的泡湯經驗，就在「かよう亭」旅館的一座沉降式浴池裡。那是在日出之前，其他人都還沒起床。當時我的時差還沒調過來，於是便赤腳走過散發出稻草香的冰冷榻榻米走廊，走下一小段階梯來到浴池邊。我脫下浴衣。水龍頭前擺有幾只小木

3 泡湯有一些限制。在日本的浴場，刺青可說是一大禁忌，甚至在飯店和旅社也一樣，因為日本人會聯想到「ヤクザ」，也就是黑道分子，組織犯罪集團的成員。黑道喜歡刺青，如果你是個身上有刺青的西方人，在日本有可能無法進入浴場，不然就是會拿到一塊可用來遮住刺青的貼布（如果刺青小到可以遮掩的話，就像我左手臂二頭肌上刺的骰子）。

桶和一張矮木凳，我先沖洗身體，而後踏進水中。浴池前方有一道玻璃牆，中間是一片落地窗。我打開窗閂，滑開落地窗，白雪飄了進來，耳中還能聽見雪花落在黑色樹枝上的聲音。天色漸亮，我坐在浴池裡，森林慢慢開始現形。儘管獨自一人，我卻與大自然融為一體，不覺孤單。

另一次，我跟一群陌生人泡湯，有日本人也有西方人，地點是松本的扉溫泉明神館戶外。我們輕聲地有說有笑，一起盡情享受泡湯之樂。在那當下，我感受到了過去從未有過的歸屬感。

你能找到有些研究敘述浸泡天然溫泉的好處，包括降低血壓、減輕關節疼痛、讓肌膚滑嫩，以及舒緩精神。雖然科學數據並無定論，效果能否持久也難證實，但這未必是重點。

泡湯能讓人平靜，確實會產生某種療癒效果。如果一件事感覺如此美好，你也不需要醫生來告訴你。這種資訊是額外的收穫，就好像發現科學家證實巧克力蛋糕不只好吃，對你也有益處。

最近有一項趨勢是將「沐浴」帶進更多人的生活中，就近直接享受。其中最主要的推動力量之一是森林浴運動，最具代表性的就是「小森日」（shinrin-yoku.org）。這個網站指出，森林浴有助你「呼吸、放鬆、漫步、觸摸、傾聽、治療」。[4]

頸部以下浸入熱水中吧

從一個更企業家的角度來看，而且如果你離森林太遙遠，西方大小城市最近就有翻新的公共浴池如雨後春筍般出現，提供享受平靜泡澡的體驗。[5]

在歐洲，你能找到設有羅馬-愛爾蘭式浴池的水療館，它們邀請男男女女一同裸體走動，默默地在不同溫度的浴池之間一個接一個轉換，希望泡走煩憂。親身經歷過後，我可以告訴你，用這種方式認識你的鄰居可是會十分難忘的。

這些浴池讓我們與自己的身體、大自然，以及社區其他人接觸。靜靜坐好，讓自己

4 艾摩斯．克里福是森林浴運動的幕後推手，他長期投入自然治療工作，熱愛大自然。他以創意的方式結合這些技巧。克里福的背景有一個迷人之處，那就是他在治療轉變（therapeutic change）上的推廣和努力。治療轉變談的是在大自然中接受自我，體驗屬於大自然的自我，同樣重要的還有認知到這就是我們的歸屬。

5 AIRE 古浴池（AIRE Ancient Baths，beaire.com/en）這家公司就趕上了這股潮流，在曼哈頓、巴塞隆納、芝加哥、倫敦和巴黎開設浴場。

泡在水裡，什麼都不多說，這著實令人感到謙卑。水是主角，它能改變我們的想法與情緒，讓我們在暴露又脆弱的情況下接納自己在這世上的位置。

我們來泡湯吧

所有宗教都承認，沐浴的力量能帶領我們更接近身外的事物。基督宗教的洗禮（baptism）儀式，猶太教的浸禮（mikvah）儀式，印度教大壺節（Magh Mela）的年度洗禮是為了淨身，重要的日常沐浴則叫「snanam」。伊斯蘭教裡也有淨化身心的大淨（ghusl）。這些儀式都帶有罪惡與羞恥的意涵，結束時則具有譴責「性」的意味。

儘管現代的沐浴是從洗淨罪惡演變而來，卻與古人的沐浴方式有更多共通點：在水中，單獨或與朋友、陌生人頌讚著你我的身體，比穿著衣服時更接近我們的靈魂與自然。

當今的日本並不是一個宗教信仰特別虔誠的社會，對神明的看法也是追求性靈的成分遠大過出於恐懼，也不會透過禱告或順從來安撫諸神。從他們的態度可以學到，如果知道大自然對我們的期望，那麼你我就更能接受它，接受自己。

有時，我覺得自己彷彿置身一鍋熱水中，因為我讓自己和別人失望了，接受失敗與自我憎恨造成了壓力。可是，一旦真的泡在「熱水」中，所有令我恐懼和悲傷的事物似乎也都沒那麼嚴重了。這不是解方，卻是喘息。

第六章

自然為何物？

日本人對大自然的崇敬，已到了自我認同的某些層面是由置身庭園、森林、山中，以及海洋來界定的程度。在此同時，他們卻也抵抗不了破壞那維繫著山川海洋的大自然的慾望。

日本造成環境惡化的劣跡，在工業化國家中數一數二，從捕鯨、土壤毒物、空氣汙染物，到將耕地變更為工業荒地，罄竹難書。

日本戰後為了重建經濟，以期與全球競爭，或許還能藉此消弭戰敗的恥辱，政府與企業於是以成長為優先，將保護自然拋在腦後。重建國家似乎比保護自然環境更重要。這項痛苦的決定和日本崇拜大自然的古老精神背道而馳。

除了刻意為之的環境傷害之外，我們都知道，外來勢力也對日本造成了破壞。二戰期間，美軍的轟炸夷平了日本大多數主要城市，包括對廣島與長崎投下不人道的原子彈，以及對東京的地毯式轟炸。

在這些創傷的歷史脈絡下，日本的城市似乎預做了最壞的打算，因而發展出深入地下的空間，當中有地下街名稱和各式商店。這些彷彿是為了在必要時能做為避難場所，好在一切皆是人造的、非自然的地方繼續生活下去。

雪上加霜的是，天然災害的破壞同樣驚人：一九二三年的關東大地震、一九九五年的阪神大地震、二〇一一年的三一一東北（仙台）大地震以及隨之而來的大海嘯，還有京都千百年來次數眾多的火災。由於變動劇烈的地理環境，日本在歷史上發生過無數可怕、殘酷且難以預料的災難，至今依然如此。

日本的都會市中心盡是理應屹立不搖的鋼骨、玻璃和混凝土高樓，期望能藉此抵擋地震與潮浪。城市毫無田園風情，而且帶有某種失落之感，加上人在當中難以恣意穿梭，更突顯了與大自然隔離的廢棄感。

誠如人類學家泰德．貝斯特在他的經典之作《鄰里東京》中指出的，東京街道與大樓號碼混亂無秩序，標誌未必按順序排列，往往也看不見告示牌。當地人走路或搭計程車時，常會拿起手機打給目的地的某人，依對方指示前往只在一、兩個街區以外的地方。

然而，儘管面對這種混亂的狀況，感覺遭漠視或不受尊重，日本人卻有一種沉著、而且根深柢固的感受，那就是人類是由大自然界定的。一個人之所以會有焦慮與哀傷之感，難以接受此生不過轉瞬即逝，是因為忘記了自己在自然事物秩序當中的位置。但秉持勤奮精神，透過練習，就能藉由發現與接納大自然對人的期望，找回自己，獲得幸福。

日本的創傷經驗和後續的激烈工業化回應，導致許多都市居民與大自然不再親近，因而提高了亟欲恢復日本傳統對於大自然情感的需求。人與自然的關係已經受損，或是遺失。如今，日本人正努力重新尋回，而現代化與環境保護之間的抗衡或緊張關係，很大程度上也界定了當代的日本文化。

這種對生活的願景——恢復現代世界的優點與大自然之間的平衡——其實是一種「個人」的現象，尤其在進步國家。

有多少人放棄了串流影音、iPhone、線上購物、虛擬真實，或是任何讓生活比過去世代來得輕鬆的諸多事物？

沒錯，我說：輕鬆許多。

很多事幾乎不必一說再說，但為免有人懷疑，還是舉些例子。許多在網路上幾分鐘就能完成的事，過去都得花上幾小時，甚至幾天，從更新駕照、租車，到買條褲子等等。不必進辦公室和商店，意味我有更多時間可去做看似更有價值的事情。有些人視科技為解決問題的好工具，卻不見科技的缺點，我就是其中之一。沒錯，我花了太多時間掛在網路上，一如眾人，因為……等一下，你有看到他剛才的推文嗎？

什麼？！

但是，我每年也會在深山裡待上數週，看著雲、牛、樹和鳥。你的確可能魚與熊掌兼得，而且要是那麼幸運，又有何不可？

日本人在努力追求經濟成長之際，也渴望符合大自然的期許。融合現代與傳統，為下一代提供經濟基礎建設，同時也保護、尊崇讓生命有價值、有意義的大自然——日本人如何以獨特的方式做到這一點？在日本新與舊的交會處，最能感受到這兩者之間的緊張關係。透過那種感覺，意識、甚或洞察力就會出現。

我在京都就感受到了那種層次的緊張關係。二戰期間，京都只遭受大約五次轟炸，可說幾乎逃過了美軍攻擊，這結果就是京都從祇園到現代的區域都仍保有許多傳統建築，或顯得古色古香。京都市在二〇〇七年通過一項條例，限制建築只能蓋到大約十層樓高，並嚴禁在屋頂設置廣告看板及閃爍燈光。京都有無數古老神社與寺院，狹窄的街道巷弄裡也可見知名的小型日式旅館。不少行人會穿著和服與木屐。經營數百年的茶館、蕎麥麵店和豆腐攤也不罕見。錦市場及周邊有許多工坊販售博物館展品等級品質的漆器、扇子與布料。不難想像京都在一個世紀前是何等樣貌。

京都也有相當特別的精釀啤酒館、眾多西方遊客和學生、當代藝術圈蓬勃興盛、義大利餐廳、地鐵系統、爵士俱樂部以及大型百貨。這座城市正興起一股奢華飯店興建潮，國際飯店紛紛前來插旗，希望在被各旅遊雜誌譽為「世界最佳城市」的京都賺上一筆。

當地人擔心京都即將變成日本的威尼斯或巴塞隆納，城市版本的迪士尼樂園。我們能在京都面臨的衝突中尋得啟發線索，透過接受大自然，追求生活中的幸福。

二〇一七年，我開始和京都凱悅酒店的前總經理橫山健一郎合作一項將禪寺開放給西方客長住的計畫。

我的任務是為網站撰寫這些禪寺的相關文章。各禪寺都有一名僧人負責接待來客、講述禪學，及教授禪修，而我得去訪問這些僧人，記錄他們的歷史與信仰，日後供訪客參考。

有五座寺廟入選。過去僧人的生活區域經過翻修後，有了設備齊全的現代化廚房、寬敞的臥室、木製深浴池、鋪上拋光木板的長廊、大片窗戶，以及樸素的木牆。這些住宿處能看見私人庭園，當中種有修剪得宜的植栽；少數幾座還有池塘，鯉魚悠游其中，鶴鳥俯衝入水。

住客能從私密的出入口進出禪寺，每天與一名僧人修習坐禪。

要和每位僧人共處一、兩個小時，令我戰戰兢兢。為了訪問預做準備，我在工作前的那幾個月讀了許多禪宗相關書籍，但是在和僧人面對面時，這個任務還是很可怕。我可不想讓自己聽起來就像個白癡：崇拜、無知、不敬。

結果我應該就像個白癡。不過，要是我原本沒先意識到可別聽起來像個白癡，恐怕會更像個白癡。我不確定該問什麼，所以就先感謝他們撥冗與我對談，接著問了一些沒有標準答案的問題：您在這裡多久了？平常怎麼生活？何時決定成為僧人？

稍微熟悉之後，對話就開始變得輕鬆而流暢。這些僧人會告訴我他們的私事。

有一名僧人曾在加州住了幾十年，從事房地產投資和餐飲業。他在父親過世後，回到京都接下父親在禪寺住持的職位。他身上巧妙融合了溫和悠閒的美國西岸氣質以及日本人的靈性。

有一名僧人說，他已經幾十年沒離開過寺院。還有一位和自己的兒子合作，為外國旅客依循古老戒律調製餐食。第四名僧人拿了一本書給我看，內容是他的佛學，由某位哥倫比亞大學教授執筆。第五名僧人說了不少寓言，當中充滿幽默。

每位僧人說話的速度都非常緩慢，時間很長，我邊做筆記。訪問通常是在榻榻米上進行，脫了鞋跪坐著，我的腳踝因為這個困難的姿勢而抽筋，因為我這輩子都沒這麼坐過。所以我隨後會改為盤腿坐著，按摩腳踝直到疼痛感消失。

我們喝著綠茶。談話結束後，僧人們帶我參觀庭園、舍利塔以及寺院內部。

這些僧侶雖然都是中老年人，但動作無不沉穩、敏捷、靈活，身手矯健。還有，坐著時，他們就是坐著，扎扎實實地坐著，不動任何肌肉。我從他們活動與靜止的狀態中看到一種新奇的自制力與專注，那是我從未近距離觀察過的層次。他們說話精準而簡潔，彷彿擔心字句會干擾周遭的自然。那些字也打斷了我們彼此試圖建立的無聲連結。

倒不是這些僧人比較懂得人生。從他們的觀點，從禪宗的觀點，他們似乎懂得還比較少：他們的舉止在在顯示，善於分析反而是阻礙。最好的做法就是接受大自然，融入其中，理解自然對我們的期望，而非強迫自己。這個過程就開始（並結束）於放手。

「你得釋放自己的心識。」真如寺的僧侶江上処道這麼告訴我。他就是那個說寓言故事的幽默僧侶，「沒有心識。縱情體驗。」

這個概念我前所未聞，更別提它為這些僧人開創的生活方式。然而在我接受橫山健一郎指派、待在寺院的那段短短時間裡，這個概念卻在我心中滋長。非常緩慢地，我感覺這些聖人似乎也沒那麼令人敬畏了。

我認識橫山健一郎將近二十年了，他在澳洲長期與西方人合作所培養出來的嘲諷式不敬態度，對我有幫助，再加上他大學念的是美國文學。他告訴我，他最喜歡的作家是馬克·吐溫，最喜歡的一本書是《頑童歷險記》。

我在禪寺裡待了一天後，我們共進晚餐，享用牛排及法國紅酒，同時我也對他做工作簡報。

「這是江上先生告訴你的？」健一郎在嚼著牛排的空檔問我。他的笑容燦爛，配上光頭，看起來就像變瘦的彌勒佛。「真的嗎？你相信？」

「相信啊，健一郎，為何這樣問？怎樣，這是某種測試嗎？」我大笑，「你不認真看待這些人嗎？你老是告訴我佛教傳統對你和你家人有多重要，還有你多想保存日本在西化前的生活方式。所以是哪一種？」

「兩者皆是。」他微笑道，「別把它看得太認真。」

「它？」

「這整件事。」他說。

「所以你不相信那些僧人說的話？」

他只是搖搖頭，就像是個老朋友在捉弄另一個在不對的地方想尋求啟迪的西方人。

「不好意思！」健一郎大聲叫住服務生，對方朝我們桌位跑來，宛如有什麼急事似的，「wine，麻煩您。」[1]

「我說的不是信仰。」我們繼續喝酒時，他說。健一郎很懂紅酒。「這些僧侶過得很好。我們也要過得很好。為什麼不呢？」

每天早上，我在過去曾充作耕雲寺僧侶寢室的地方醒來。我的房間有一扇玻璃拉門，面對著庭園，走廊上有方形的雪松木浴池，我會注入熱水，好好泡上一段時間。泡過澡後，我會到緊鄰寺院廚房的庭園，端著一杯咖啡站在那裡，傾聽微風在上方山丘的森林間穿梭、流動。

在與健一郎及僧侶進行訪問之前，我常會在著名的「哲學之道」漫步。這條路沿著琵琶湖疏水道而行，與我的住處相距大約五公尺。哲學之道通往幾座禪寺與神社。疏水道沿途盡是李樹與櫻花樹。時值二月，李樹花朵綻放。神社裡，高大的古老橡樹矗立，樹枝蔓延伸展；禪寺裡則有修剪整齊的庭園。

這些都是有意義的。這固然是一種觀察方式，卻也是一種幸福。我不覺得孤單，儘管我確實是獨自一人。我的妻兒都在美國。奇怪的是，夜裡我到市區跟日本朋友碰面喝酒吃串燒時，才是我覺得孤單的時候。熟悉的寂寞與哀傷那時悄悄襲上心頭，就那麼隨興自在地留駐了。比起與大自然共處，跟朋友相聚反而更寂寞。

有機會見識並感受禪寺內的生活，沿著步道走到神社與其他寺院，我感覺自己既幸

1 呃，在日語裡，葡萄酒就叫 wine。

福又微不足道。那時，我所感所想的都不及眼前所見的來得重要。知道大自然比所有我可能做到的事情更能界定我，這既令我寬慰，也讓我覺得釋然，因為我能在無權干涉的情況下自在觀察，能試著去接納自己的無助。

我一直在想健一郎說的話。那讓我想起我和朋友武幾年前共度的某個冬季下午。他載我去在他新潟的公寓幾公里外、一座稻田附近的池塘看候鳥。我跟他說了一則禪宗公案，那似乎很符合當下情境，而他也大笑。

「噢，不會吧！」

「怎麼了？」我說。

「一個西方人要說禪宗公案給我聽？！不會吧！」他開始咯咯笑，「拜託，別說禪宗公案！」

「好吧。」

「那就好。」

「一個兒子問他身為名賊的父親，該如何闖空門……」

武還是讓我說了那則公案給他聽——他對朋友就是這麼寬容——不過他先表明了立場，就像健一郎那樣。佛教智慧是一種成熟的指引，一個渾圓之體，一種觀看的方式，而賦予它合理性的就是大自然。它不是一套戒律；其實沒有所謂的教義；大家不會把小佛像當作垂飾，鉤在鍊子掛上頸子。僧人所說的意思很簡單，那就是：找到你在自然當中的位置，改變生活，然後發現你可融入的地方。

是的，工業化和長時間工作的壓力很可怕，這正顯示了為何置身大自然更有其價值。你越是體驗到那項價值，遠離它似乎就越不重要。而它是非常明確的：大自然的短暫，它對你的冷漠，還有世界運轉時，彷彿你不在那裡，彷彿你並不重要。

嗯，你不重要，你我都不重要，最奇怪的是，那表示壓力會大大降低——你的「行為」需要遵從大自然，而非遵從你對其重要性的「想法」。你無權決定。很快，我們任何人都不會在這世上。

這些想法源於日本如何看待自然，我將之整合後發現，如此想法能讓日常中的挫折與煩惱顯得微不足道。

如果我們拋開基於自我實現的認同，看清大自然是如何決定我們的存在，那麼就會對創造幸福有新的看法。

健一郎說得對：「別看得太認真。」

為了降低寂寞、過勞、環境惡化，以及因此而意識到自己與自然隔絕的衝擊感，我們有必要在大自然裡尋求心靈的平靜，若能如願，便堪稱幸運。

雖然大多數日本人並沒有幸運到能天天在禪寺靜修、在庭園度過晨間時光，或是漫步造訪各個神社，但這些活動早已根植在日本人的意識中。

我汲取這些經驗，盡可能在美國實踐。即使是在都市裡的停車場，我也改用更清晰的眼光，去看待那些茂密野草中自然的韌性。或者，一大清早在鄰人甦醒前，出門遛我的伯恩山犬小波時，那些槲鳥的鳴聲、俯衝的老鷹，以及蹦跳找尋掩護的兔子，都比以往更加占據我的思緒。我發現，擔心獵物被擒，感傷紅雀的羽色隨著季節而變換，遠比只想著我自己來得容易，也矛盾地比較輕鬆。這些自然界的事物比我更重要，儘管我尚未整合對牠們的意識，仍不是自我認同的一部分，但我努力像日本傳統那樣，將自己視為大自然的一環。

對日本人而言，我眼中的文化經驗其實是生活的方式。無論在夜店，或午夜過後仍在辦公桌前累到幾近崩潰，他們還是有種情況似乎不太對勁的感覺：工業化的世界無法解答所有問題，日本在為了避免遭到西方殖民而決定現代化之前，可是以貼近大自然著稱的。這樣的意識至今都還留在一般家庭與日常的活動中。

雖然大多數日本人不會每天實踐禪宗或神道，但許多人每年或每季都會前往寺院與神社參拜。所以，不妨在你的所在處花點時間享受季節更迭的景色，讓自己感覺與這世界同為一體。無論是在新英格蘭賞楓、參觀紐約市的修道院博物館，或是造訪公園，走到戶外，除了體會和觀賞之外不做其他事。你如何融入眼前所見？你在那個環境裡又扮演著什麼角色？

身心健康與每天體驗大自然息息相關，因此，有些城市就擬定相關計畫來實行這件事。所以，要是你無法自行安排，公共基礎建設的規劃者也已為你開創了參與的機會。

《紐約時報》記者珍・布洛迪指出：「公共土地信託組織與全國遊憩與公園協會及城市土地研究所攜手發起了一項目標崇高的行動，要為每個美國居民帶來明尼亞波里斯式的福利（譯注：位於明尼蘇達州的明尼亞波里斯市擁有十分優越的公園系統，公園綠地占全市面積百分之十五，規劃之完善被譽為全美第一。）：能夠『在步行十分鐘或八百公尺內就抵達一座高品質的公園』。」

這項構想，是在都會的社區裡建立自然中心，供人親近自然，讓頭腦清醒。這正蔚為風潮。布洛迪寫道，有逾兩百二十位市長支持這項計畫，「相較於國會可能通過的所有法案，它對改善國人身心健康的潛力可說有過之而無不及。」他們提出體驗自然的優點，作為擴大這項計畫的理由：「步行十分鐘能增強體能，降低慢性疾病風險，改善學習與記憶等腦部功能。」

公共土地信託組織的公共衛生主任漢娜・韓姆迪醫師說得實在吸引人，讓我開始思考，怎麼有企業、精神科醫院以及社區不把「走向戶外」納入時程表呢。根據那篇報導，韓姆迪醫師的「研究顯示，社區裡的綠色空間能降低暴力犯罪，減緩壓力與社交孤立感，尤其是對年長者；改善注意力缺失症兒童的專注力，令其放鬆，同時提升自尊與韌性。」

比起樹木，所得公平、有良好醫療資源、教育公平且多元，以及安全的住所更可能與改善上述領域有關聯，然而置身在大自然當中，無疑能令人平靜，促進健康，予人必要的精力、幸福以及要改變壓力來源所需的洞察力。

當你置身在大自然當中，別談工作、哪裡出問題，或是你要往哪裡去。盡可能就靜靜地觀察周遭事物就好。歷史學家西奧多・羅斯札克稱之為「生態心理學」（ecopsychology），這概念是將一切交給大自然主導，去體驗，讓個人面對自然，沒有任何人事物去詮釋意義。

日本人善於庭園造景，要是可以，你不妨也動手栽種花草。

美國的城市花園運動正日益成長。全美各大城已開始提供土地供居民種植蔬果。把雙手弄髒，親近土壤吧，你可能會因此重新思考人生當中的優先順序。

早點開始。

發起「可食校園計畫」的名廚愛莉絲．華特斯讓我們看到孩子愛吃自己種出的東西，喜歡呼吸新鮮空氣，愛吃對他們的情緒幸福感有益的健康食物。最有收穫的是，孩子們從這個照顧植蔬之舉，能學到同理心也是學校教育的一環，這實在非常棒。或許這樣能減少自私自利的心態；畢竟，艾茵．蘭德可沒寫過《園藝聖經》。（譯注：哲學家兼小說家艾茵．蘭德主張理性利己主義，認為個人有權為自己的利益而活，無需為他人犧牲自己的利益。作者在此意指蘭德沒寫過園藝方面的書，代表園藝不是一種自私的行為。）

想過得更幸福，將日本人對庭園的鑑賞加進美式生活當中會是一條途徑。這不是說插花會在美國風行起來，但插花時需要的專注、精準與緩慢，加上置身大自然，確實會是穩定情緒的方法。

日本人將一年區分為二十四個短季節，也就是「節氣」，有些節氣只有區區數天。由於為時短暫，觀察者必須非常注意，否則就會錯失節氣的變化。有一個節氣叫啟蟄，是昆蟲從冬眠中甦醒的時刻。処暑是暑氣即將消退之際。穀雨則是耕種所需的春雨開始落下之時。

花時間做點與大自然有關的事，只要是能與你所見所聞產生互動，什麼都好。可以是賞鳥，學會辨識各種鳥鳴，或是認識住處周遭的樹木種類。讓自然成為你的日常詞彙，這麼一來，你會發現人類的聲音不過是一種刺激來源，而且絕對不是最強而有力的那一種。

就算無法離開家或踏出工作地點，你還是可以近距離體驗大自然。我很喜歡《樹木的隱密生活》、《貓頭鷹的祕密生活》、《鷹與心的追尋》以及《牛的祕密生活》之類的書。沒錯，這些作者似乎創造出了動物的內心世界，以及也許並不存在的事物，但至少我感受到了（你也可以）他們基於深情且敏銳的觀察，而與大自然共同產生的某種聯繫。

我也在YouTube上找到許多大雷雨與雨林的影片。戴上耳機，只要觀賞十五或二十分鐘的滂沱大雨，家中或辦公室的氣氛似乎就清新了不少。

這並非道聽途說。知名神經學家與作家奧利佛．薩克斯醫師在他的《萬物秩序》一書中就寫道：「顯然，大自然觸動了我們內心深處某個點。對長期在無窗辦公室中工作的人，對無法接近綠色空間的都市人，對城市學校裡的孩子或安養中心等機構裡的人來說，大自然在健康與療癒上所扮演的角色，變得更加重要。自然為健康帶來的效果不只在心靈與情緒上，也會在身體與神經上產生影響。」

將融入大自然作為目標，與大的事物，像是四季遞嬗，以及漸進的小改變建立情感依附吧。如果每一天、每小時都留意著周遭變化，你就不會有多少時間能去注意令你難過或惱怒的那些小事。不過別擔心！你還是會有那種時間的，只是不會太多。

第七章

靜默

日本全國上下彷彿都讀過米蘭達警告似的：「你有權保持緘默。你說的任何一句話都可能在法庭上作為指控你的不利證據……」

靜默是日本的民族性格，對其文化不可或缺，靜默的使用與誤用在極大程度上界定了日本人在工作上與私底下相互理解的方式。

這個文化價值在日本歷史上可回溯到數世紀之前。不妨看看前面提過的吉田兼好的作品：「你能想像一個教養良好的人，以無所不知的權威之姿說話，甚至在談論他其實熟悉的事情時也這樣嗎？不出從何處冒出來的粗人，擺出一副上知天文、下知地理的權威口氣回答問題……一個人說話緩緩道來，即使對熟知的主題也如此，若無人發問絕不開口，那才真令人印象深刻。」

不過，即便靜默、謹慎，透過姿態與臉部表情進行非口語的溝通有其好處，但也有缺點。

要是你說錯話呢？什麼樣算說錯？你怎麼知道？要是你誤判了別人的心情呢？如果誤解別人，就是非常不敬，不但冒犯到他人，也顯得太過自我中心，因而無法判斷別人在想什麼。你可能不屬於這個團體。你應該感到羞愧。

最好什麼話都別說！

身為外國人，一個來自西方的成年男子，我在說出或做出日本文化不熟悉的事情時，並未感受到這種氣氛。當然了，如果我苛刻無理，或是認為自己的國家是世界第一，那麼就會有問題。

但我不是那種人。

我到了新地方會設法入境隨俗：跟周遭的人做同樣的動作，採用他們的語彙，甚至模仿他們的說話節奏。我在日本確實相當被動，盡量順其自然，隨當下情況因應，聽從主導者，無論對方是誰。

就像我說過的，我的日本朋友教了我不少，多年前就開始，持續至今。

我這套適應行為日本人自然看在眼裡，常覺得我的努力非常爆笑。日本人如果不服從團體，就會互相批評，但這一點通常不會用在我身上。身為一個守規矩、或至少試著守規矩，有時還搞得場面滑稽的外人，我得以觀察、參與；諷刺的是，那是因為他們並不把我視為一分子，並不屬於他們的團體，自然也就沒期望我的行為要和團體其他人一致了。（我必須接受教導、被容忍，或遭忽視。）

至少，在日本罕有人會對我說什麼惡毒的話。我謹守規矩：在列車上不聊天，不大聲喧嘩，在榻榻米上脫鞋，入浴池前會先淨身，不提意見、而是傾聽與觀察，不問一大堆問題，常說「請」、「謝謝」、「不好意思」，不流露過多情緒，坐下時靜止不動等等，諸如此類。

我特別喜愛靜默，以及它遠比話語更常被用於溝通這一點。[1]關於保持靜默的這項「選擇」，我們有許多可向日本學習之處，尤其是在面對逆境時，瞭解靜默為何是一種展現接納的方式。靜默能夠、且應該是你在觀察、傾聽與建立親密感時可採取的位置。靜默也是透過壓抑與自制以建立社交權威的途徑，讓你看到如何在面對挑釁時不做回應；靜默同時也是象徵，象徵你在決定時已經過深思熟慮，而非隨情緒起舞。

相信我：我在一個情緒就等於貨幣的家庭裡長大，有許多個夜晚，我寧可破產。

美國這裡有靜默的聲音、靜默的夜晚，以及靜默的做愛。比起「被迫」靜默，「選擇」靜默則截然不同，也比較好。靜默伴隨著一種對他人心情的接納，對其想法與感受的了

1 在發展信任、尊重他人、透過傾聽與觀察來學習，以及接納周遭與內心世界上，靜默在日本都有極大助益，但它也可能是恐懼、羞恥、哀傷與順從的象徵。如同我在一開始所說的，讓我們精挑細選出日本文化最大的優點。當勇於發聲有其必要，而且是較好的選擇時，我們應當避免默不作聲。不要默默受苦。

解，以及對他們的需求付出與對自己同等的關注。

這種靜默最能說明日本人的相互關係，也是一種至高無上的接納形式。對於他人，你不評斷或表示意見，而是靜靜地以同理心去理解、體會他們的感受，思考他們的想法。這可以回到「受け入れる」的一個定義：「人母在溫柔地接受一樣東西時使用的。」父母抱著孩子，那是他們靜默的擁抱。

在我孩子還很小時，有時，光是抱著他們就是最好的接納——不發一語，僅僅感受他們的溫暖。當時我太太每週會有三天出門上班，由我在家，我和兒女三個人就會窩在一起。我會拿起繪本，不知道已是第幾次翻著那些頁面。而換我出門工作那三天，回家時也常會見到他們在同一個地方靜靜地畫畫。

還有，當你置身大自然，接受眼前所見的壯麗，也會讓你更接近周遭環境。如果你忙著說話、忙著提出看法，就無法感受那些事物了。

身為心理學家，我在工作上面對的人多來自普遍貧窮的社區：羅克斯貝里、馬塔潘、多徹斯特。我和他們面談，試著瞭解他們是誰，他們的生活背景，他們的韌性與境遇，阻礙他們幸福的原因，以及支撐他們的力量。我們大多是以非口語方式互動，不是因為我們無法以語言溝通，而是言語難以表達我們的共通點。我們的性別、種族、教育程度、經濟階級、年齡或機會往往不同，結果也就沒有相同的言語能描述我們的生活。

在非口語互動之外固然還有言語，但那並非焦點所在。我們都知道，言語也會表達出傲慢、評價以及看法，而誤解在此時就會像圍籬的尖樁冒出來。最好不要豎立障礙，連結最好是透過細微的動作來產生。當我們靜靜傾聽，觀察別人的姿勢、表情以及語氣時，就能試著相互理解。

這個現象眾所周知，心理學家也有所記錄，像是艾伯特．麥拉賓就在《非言語溝通》一書中寫到語氣和表情非常重要，是社交互動的關鍵。麥拉賓博士總結表示：「百分之五十五的溝通是身體語言，百分之三十八是語氣，百分之七才是實際上的話語。」也許吧，但這並非一成不變，端視交流對象和當下的情況。但它的核心理念不容否認，那就是人與人之間確實有許多不經言傳的交流。

在日本，如果必須藉由言語來傳達想望或顧慮，可能會被認為失禮。身為傾聽者，你應該盡量用心去感受、思考別人的感受與想法，不必使用言語。如果別人必須用口語表達他們的想法或感受，那就代表你沒在聽他們說話，沒接受他們的身分。「阿吽の呼吸」，如同山久瀨洋二所說的，「吸入和諧。」

社交互動無法言說的特質創造出了一個個隱密的世界。朋友、情人之間的關係裡存有唯獨彼此才明白和感受的小地方。這些因靜默而成立，也受到靜默的保護。一如谷崎潤一郎在《陰翳禮讚》中所寫的：「我們不是在事物本身當中發現美，而是在事物對比下生成的陰影、在明與暗的反差裡找到美。」

我在日本曾無數次有過如此感受。事物帶來的愉悅僅有模糊的輪廓，但發生當下的感受卻如此深刻，能延續多年。接納另一個人時，你會失去部分的自我意識，但那樣的失去卻令人自在舒暢。你也必須將焦點放在對方想說、卻不必言說之處。這需要大量的專注，也會成為這段關係的一部分。最終，你會不斷想著別人，反而不在意自己了。

我之所以不滿、害怕或失望，多是出於因自私而生成、不切實際的看法。我的幻想、想法、期望與我的需求及感覺有關，然而這些往往與那些令我痛苦的他人幾乎無關，甚至完全無涉。一旦我明白需要改變的其實是我的幻想、想法與期望，而不是他人時，我就會感受到一種陌生的放鬆感，那正是我想帶入人際關係中的。

那是一種覺醒，明白了痛苦肇因於我的自私，非而他人。我發現，與另一個人共享靜默的親密感往往就已足夠。畢竟生活中能有多少人可以和我們就這樣靜靜坐著，光是陪伴便已令我們心滿意足，根本無需言語？

相同的道理也可應用在公共場合。我們都碰過，搭機時，鄰座乘客對我們訴說他們的人生故事。我無意不敬，可是……

日本的情況截然不同。無論是在工作或社交場合，當人們聚在一起，都不會鬧哄哄地提問。我是在日本訪問各式各樣的人時才發現這一點。

問一個問題。

等待回答。

不要打斷。

不要提出看法。

不要表示贊同或反對。

不要分享自己生活、與說話者經驗類似的經驗。

傾聽就好。

等待。

靜靜坐著，就有機會從對方的觀點看待眼前情況。結果，無論你在觀察時感覺如何，你與對方之間的氣氛都會成為焦點。你們彼此心中都有各自的目標，但早在達到目標之前，你們便已開始默默接納彼此。這種接受能讓目標水到渠成，無須經歷掙扎。

比起其中一方獲得較多權力，更重要的是雙方都得到了理解與尊重。這正是靜默予人最極致的力量：給予周遭的那些人尊重。

無論是在東京日本橋繁忙的人行道上，或是擁擠的餐廳裡，嘈雜程度都低到不能再低。你不可能無意中聽見別人輕聲細語的對話。幾乎沒有街頭樂手，沒有人大聲講手機，沒有人跟朋友大聲打招呼問好。

尊重是透過姿態來傳達的。在一場成功的會議之後，商業人士會互相鞠躬。主廚在餐廳外向顧客揮手道別，直到客人消失在視線之外。你不會見到許多擁抱或親吻，也沒有人一直牽手，不過，熱戀中的年輕情侶或許會踩著相同的步伐，那就是他們濃情蜜意的證明。

如果有什麼聲音堪稱吵鬧，那就是柏青哥店裡那些鋼珠的碰撞聲。還有候選人站在小貨車上，用擴音器嘶喊著日本即將再起。此外就是折扣商店門口的喇叭：「大減價！大優惠！大特價！」即便在東京龐大又混亂的新宿車站，每天有上百萬通勤族經過，你聽見的也只是高跟鞋與黑皮鞋發出的踏地聲，乘客趕搭火車的腳步聲，而不是扯開喉嚨的嗓音。

在這些情境中，個人都縮小了。環境吞噬了他們。你是誰比不上你在哪裡重要，你的意見也不如周遭環境來得要緊。在美國城市，你說的話某種程度上就界定了你在哪裡，但日本不同，城市的環境很明確。尊重意味融入你的環境，而不用你的聲音來凸顯或區別自己。這有一種安定、包容的效果。

日本人藉由展現尊重來應付壓力。好，別擋到開會就快遲到、趕搭電車的上班族。還有雙手不要亂摸。不過，在日本對別人的尊重大多數時候會在朋友、同事及陌生人之間體現，而這些靜默的肢體展現的正是公民生活的核心。

它是一種接納他人的表現方式。安靜帶來一致性，是一種協調而廣泛的作法，確保你的想法不會干擾到他人。由於日本人實踐這種不言說的生活方式，因此在他們形成的團體中，一個人或多或少都會被接納，大家也理應擁有相似的想法與感受。

不過我們也知道，情況未必總是如此。日本文化一點也不天真——情緒的成熟就像高等微積分，相當困難。但是，何必在談話與行為上冒著違背團體規範的風險呢？某種程度上，這就是為什麼在日本沒說的話往往比說出來的更重要。

展現尊重的意義在於它會表達出同理心。你在當下是否同意周遭的人事物並不重要，重要的是默默接納：你身邊的人事物有權在那裡，而你展現的尊重既保證、也保護了那個權利。

對你所處的世界表現尊重、同理心與接納，要從你自己的感受與想法著手。如果你自覺悲慘、害怕與憤怒，要尊重別人可不容易。

要免於自我憎恨，有一個方法就是改變自己身邊的狀況。這項行動是值得的。接納身邊的人事物，就能創造出一個更好的環境，這又能反過來影響你這個人，以及你對自己的感受。這樣的接納是一種相當微妙又有效、能促成個人改變的方法。

日本在職場與社群中的接納尚未達到理想，但在日常生活中，社交談話的規則、也就是人平常在家中與公共場合相互對待的方式，仍是很有價值的指引，有助我們瞭解如何在美國的多元與活躍生活中表現那樣的尊重。

我又想到美國與日本文化的結合，認知到一加一大於二，整體會比各部分的總和更大。將日式的尊重應用於生活，應用在這裡的自發性與思想多元性基礎上，可啟發更多可能。

這正是為何尊重他人不只是發揮同理心的方式，也能降低個人的「內在」壓力。透過在日常裡尊重他人與現況，接受逆境，你能為自己建立起維護自我尊嚴的基礎。這種為尊嚴所做的努力，就是「尊重」在日本的真義。

日常中，也許有人推擠你，對你無禮，但這不表示你就得以牙還牙。向世人展現自己最好的一面，就像是發出象徵你期望別人尊重你的信號。對，我知道這未必有用，而且情緒經常會凌駕我們，但藉由靜默的舉止表現尊重，能扭轉各種情況。

日本人每天都以許多方式表現尊重。

鞠躬在公私場合都很常見。有時，對一個人深深鞠躬，對方以輕微的鞠躬回禮，那象徵的是恭敬，但一般而言雙方的鞠躬都是相稱的。

從日本返美後，我發現自己會微微前傾身子，斜著頭，肩膀挺直。用姿勢來傳達敬意，感覺很不錯。我也喜歡把眼光移開的感覺，但不確定原因為何。

在此要釐清：鞠躬並不意味退讓、屈服於權威，或是低人一等。它無涉服從。正好相反：就像西方的握手，鞠躬是關係的簡化。相互鞠躬的兩個人意在表達相互尊敬。沒錯，員工向老闆鞠躬的幅度大於老闆向員工鞠躬的幅度，例子比比皆是，但那代表的是一種存在於鞠躬之外的關係。我們起碼得有所認知，日本文化確實是獨立於西方價值之外的。這也是另一種展現尊重的方式。

當然了，你可能不想鞠躬——你若是西方人，上身往前傾斜絕對很滑稽——但還是能運用身體來表現接納。採用悠閒的姿勢，漫步而非闊步，自在放鬆——這些都是在對別人表示你無意成為現場的主導者。這麼一來，如果你運氣好，他人的姿勢也可能會放鬆下來。

日本人表現尊重，是因為他們敏銳地意識到其他人的存在。

在東京的一場相撲比賽上，我和朋友悠閒地吃著雞肉串燒，喝著啤酒，身形龐大的選手則在底下的相撲場上對峙。大多數觀眾都靜靜地定睛觀賞，直到相撲選手被推出場外或摺倒，才會爆出震耳欲聾的掌聲與歡呼。

我帶我的朋友望洋去看美國職籃波士頓塞爾提克隊的比賽時，整場比賽他一語不發，於是我提議提早離開。我以為他看得不開心，但他卻一臉驚訝，要求留下來，所以我們繼續留在座位上，直到終場的蜂鳴器響起。在返家的地鐵上，他聊球賽聊個不停——他記得許多精彩好球和投籃得分的時刻，吸收了他看到的過程，他對比賽的敬意讓他能夠深入觀察。

日本棒球比賽現場的觀眾經常瘋狂歡呼，幾乎從頭到尾，直到你覺得自己已成為一分子，你不再是一個人，而是團體的一部分。那就像美國球迷熱情表現的極致版本——有固定的歡呼聲、歌聲和儀式。我和女兒去看一場棒球賽時，每當東京養樂多燕子隊球員擊出全壘打，現場球迷就會舉起雨傘，不斷開闔。

爵士樂也是。

東京丸之內區的棉花俱樂部在樂隊表演時，沒有人會碰酒杯、低聲說話，或是有什麼肢體大動作。重點在於你在享受音樂之際，也讓別人擁有相同的享受。那是一種尊重。

尊重會創造出觀察所需的條件。當你意識到周遭環境，以及環境對你的期望，也就更能接受那個狀況。這一點不但對日常例行活動及公眾娛樂如此，也可應用於面對高度壓力的情境。

幾年前，達美航空載著我們這批乘客降落成田機場時，航空公司知道（卻沒告知乘客）所有公共及私人交通皆已停止營運，鄰近八十公里內也沒有空房可供住宿。（班機先前降落名古屋加油，但乘客不准下機，達美後來解釋，因為他們不想支付乘客的飯店費用。）在將近十三個小時的航程之後，我跟數百名日本人一樣睡在機場地板，因為列車要十六個小時之後才會營運。我不是說我們採行了近似禪修的作法，但那個過程是相當寶貴的一課。

當時非常安靜。大家蜷縮在外套上，彼此非常靠近。那不是屈從或無望，而是明白此時若展現憤怒，只會讓大家的處境更糟糕，當下的情況誰都無法改變，所以最好就是人人都展現出冷靜與自制。若是發怒，就會被視為自私和不敬。保持靜默與平和就是理解當下的重點並不在我們個別的人身上，而是在我們全體乘客，也是體認到尊重其他人的福祉比個人的壓力更為重要。

在這個機場的受困經驗之後，面對日後其他狀況，我始終保持著這樣的心態。這能歸結為一點，也可說是日本人的心理：現實情況或許充滿壓力，但不代表我也得以充滿壓力的方式去回應。

我能尊重混亂，甚至接受，但我拒絕成為混亂的一部分，也拒絕讓混亂與「我」扯上關係。我可以選擇忽視它，不必有所反應。[2]

如此的處理方式需要耗費龐大的氣力。如果你見識過我在波士頓開車，在出口匝道超車的那股狠勁，就知道這還是一項值得努力的理想。

這裡的目標是建立一個相互尊重的社群，你屬於其中，你的需求會受團體裡其他人的影響。永遠都會有人比你更弱勢，需要你的協助。依據你的社群來行事，意思就是根據別人的需求來緩和你的反應和行為。

這些尊重、靜默以及接受的概念也影響了日本的重大議題：臨終照護與緩和醫療（最大的醫療支出通常會發生在一個人生命的最終六個月）；健康者的醫療照護；慢性疾病者的持續照護；以及安全的城市中心。

如果你關心的主要是自己和家人，而讓其他人自生自滅，那就不是尊重，而是一種盤算了。

日本人體認到，我們對自己的感覺是受到生活在你我周遭的人所影響。為了創造相互尊重的環境，個人的犧牲是值得的。

尊重他人也是展現自我尊重的方式。尊重你如何沒達到自己的理想、你的失敗，以及你怎麼把事情給搞砸了。（如果你好奇的話，這裡我是在說我自己。）尊重自己可建立自信。

記住：稍微鞠躬，展現耐心，接受其他人正面臨龐大壓力，靜靜觀察，還有傾聽。

「零和遊戲」這個西方諸多交易的典型在日本並不盛行。許多事情往往沒有明顯的贏家或輸家。雙方對交流同感滿意，主要就是透過靜默而建立起來的。選擇靜默與尊重，利益就會隨之而來。最棒的是，你也得到了在必須出聲發言時所需的力量。

---

2 當然，除了在多年後寫出這件事，而且再也沒搭過達美航空。可是，憤怒嗎？我並不憤怒。有誰提到跟憤怒有關的事情嗎？

第八章

道歉

「すみません──不好意思」是我在日本學會的第一個字詞。我到處都聽見有人在說這個字，很多人。在商店、火車站、街上、電梯、商業會議、餐廳、酒吧、咖啡館，各式各樣的情境。

我會幫別人推著已經打開的門。

「不好意思。」對方會說。

跟朋友出門吃炸豬排，佳奈舉手叫服務生時會說：「不好意思。」

電話中的對話：說話者對著電話那端的人鞠躬，後者根本看不見他表現的敬意，而他每次低下頭來就重複那個字：「不好意思。不好意思。不好意思。」（他在「不好意思」之間都會插入一聲「はい──嗨！」，意思是「是！」，代表「是，沒問題！」或「是，瞭解！」）

多年前，我初次造訪日本時，我問朋友「すみません」是什麼意思，他們說，那差不多就等於「對不起」，是一種形式的道歉。可是，為何要向服務生道歉？又為什麼要在電話上連說好幾次？或是在有人幫你推著門時說？不，這個「不好意思」遠比單純的「對不起」複雜多了，儘管它在美國這裡可以理解，也能應用於生活，但這個字跟許多日式的表達法及行為一樣，會依時間、地點與對象有別而有不同意義。這一點我是從同一批朋友那兒學到的。

我們這裡談的是因為打斷別人正在說的話或正在做的事而道歉，以尊重與接受別人。「不好意思」需要你道歉的對象承認你的存在，進而改變他們正在做的事情。這等於是在說：對不起，造成你的不便。對不起，讓你得應付我和我的需求。對不起，我這麼自私。

有時，說出「不好意思」也可能帶有一絲諷刺之意，但我們平常的話中很多也都帶有諷刺意味，畢竟，我們的話有多少是在表達自己真正的想法，而不是因應當下狀況所需呢？

道歉在日本人的生活中無所不在，而諷刺就屬於其中一部分。

古崎潤一郎在禮讚陰翳時，真正在說的是你眼前所見、信以為真的事，其實並不如背後暗地進行著的事情那麼真實。在日本這麼重視視覺的文化中，許多可觀察的事物實為諷刺性的意義表徵，而非事物本身。這使得許多可見的事物都有詮釋的空間。

但「不好意思」同樣是一種誠懇的意圖，希望從另一個人的觀點去看待、接受某個狀況。它將你的感受與想法帶入另一個人的經驗範疇。

這種誠懇與諷刺的混合並沒有聽起來那般抽象。誠如羅蘭・巴特在《符號帝國》當中指出的：「理性只是諸多系統的其中之一」以及「整個禪學發動一場對抗意義搪塞的戰爭」。如果你接受無形的、無意識的，或不理性的事物乃是創造我們生活意義的主要動力，那麼你就能明白構成日本文化的某些要素。也就是說，我們所見、所說的其實是深層意義的一種「再現」或表徵。

「不好意思」更深層的意義是，說者與聽者雙方此時擁有的是道歉，而不是一開始引發道歉的憤怒、失望、要求或不便。雙方在此有了共同點，不必面對歧異的衝突或分裂。他們接受情況不易處理的事實；道歉可能讓人正視停滯不前的情境，繼而改變它。事實上，「不好意思」具有改變一切的潛能。

說出「不好意思」的人等於接受了一件事，那就是對造成問題的那個人來說，引發道歉的事情可能很棘手。也許那個人當天衰事連連，或是在遵照某家公司提供的腳本行事，或者根本就不在乎。

無論什麼原因，你的道歉是接受現況的一種方式，讓似乎引發狀況的那個人有機會改變，使情況改善。如果接受道歉者用你的「不好意思」來讓情況惡化，那就是日本人常說的，有誤會。

「啊，抱歉誤會了！」但至少說出「不好意思」的人努力過了！

在日本見證過、也體驗過說出「不好意思」的正面影響後，我在美國每天面臨各種情況時，就經常道歉。觀察此舉帶來的效果，感覺十分美妙，同時它也發揮作用，減少了每個人的壓力。

與電話公司討論一項技術瑕疵，或跟市政府談到我「知道」明顯不公的停車罰單時，我在對話一開頭會說：「對不起，抱歉占用您的時間，很感謝您協助。我在想是不是……」

對方的回應往往是「噢，不必道歉」，如果是年輕人，則是「別擔心」。

老兄，我並不擔心。

我能從對方的聲音聽到當中的驚訝，而這個驚訝元素象徵了一個嶄新的開始，表示電話彼端的那個人可能不會在我們之間築起一道牆。至少不會立刻那麼做。或許，對方真的會傾聽我要說的話，因為既然跟一個沒發怒的人說話感覺很舒服，那麼試著提供協助或許也值得。

即使這個做法失敗，我的問題沒受到對方重視，至少我已避免了發怒，讓我能在當天其餘時間保持相對專注。我們都明白，憤怒絕對會讓人分心。憤怒根本不是在好好表達情緒，因為那並非來自我們內心，而是我們對周遭發生的事情的「反應」。如果不做反應，就有機會保持冷靜。保持冷靜，就能把事情做好。

當然了，客服或零售人員習慣從不滿的顧客那邊聽到的可不是這樣。他們準備好要跟顧客吵架；他們確定你會羞辱他們，提出奇怪的需求，要求叫他們的主管出來，諸如此類。所以如果你不抓狂，而是微笑且真誠地說：「很抱歉。我在想你能不能幫我。」那就真的會占到便宜。

你必須誠懇。這不是策略或戰術。你必須去「感受」它。出其不意，心情愉快地道歉，在意外的時刻來個突襲！

等等，我剛剛寫出來了嗎？突襲？！

噢，「不好意思」，我原本不是要寫突襲。我想寫的是你能建立起某種程度的連結，如此一來你道歉的對象才會產生共鳴。你的道歉會讓他們開心。你讓他們開心了！希望接下來他們會想幫助讓他們開心的人，而不是對你發怒、害怕或懷有戒心。

如果正在閱讀本書的你是客服人員，平日必須面對那些憤怒、粗魯、自以為是的顧客，由於他們隨時都希望得到滿足，那麼你不妨這麼展開對話：「抱歉我們必須這樣開始。抱歉我們面臨這個難題。」

在遠遠更為重要的情況中，面對同事、即將見面的人，或是老闆，說「對不起」對解除壓力十分有幫助。

在配偶、情人或朋友面前，道歉——即使你相信自己幾乎或根本沒有錯——就表示你接受對方的觀點。這會讓他們的憤怒或失望顯得有道理——相信我，這樣有用。

不，並非絕對有用。可是當它奏效時，你會獲得掌控自己情緒的力量，體認到對你重要的事情，並不比那些對你所愛或關心的人重要的事情來得要緊。

「不好意思」是一種避免或解決衝突的做法，是日本人在他們的文化中做得極好的一件事。當焦點落在團體或關係上，而非個人，衝突基本上就不會被視為是個人問題，而是對一個成熟而健全團體的心理的羞辱。當你道歉，就是承認那個團體比你重要，即便團體裡只有兩個人。這是一種同理心取向。

是的，我偶爾會看到心領神會的表情，彷彿我藏著什麼祕密。Target百貨的收銀員不習慣顧客因為他不專心而向他道歉（如果他願意別用手機傳訊息，其實就能讓結帳隊伍繼續前進，結完離開。）監理處的員工也不習慣有人在索取一張牌照貼紙時向他道歉；那張原本應該郵寄到府的牌照貼紙並未送到當事人手中，結果害他收到一張五十美元的罰單。

如果你能說「對不起」，那麼當另一名意料中的憤怒顧客有什麼意義？繼續想辦法在同事面前為自己辯護，或是在家裡企圖辯到贏，又是為了什麼？道歉能引入討論，而非爭吵。譬如：「很抱歉我們為了這件事爭執。我為情況變糟而道歉。」

或許這正是「不好意思」在日本經常從說話者口中不斷冒出的原因。第一次可能會被誤解為伎倆或策略，但說到第二次或第三次，聽者就明白了：你很抱歉！你真的很抱歉。

你有權改變狀況，你有能力讓事情更好。你不要遵照腳本；你不要在廣播系統上用謊言解釋火車誤點的原因；你不要對著配偶大吼。不，你要說：「對不起。」這就是「不好意思」背後的祕密。因道歉獲益的是提出道歉的人，而非接受道歉的人。

道歉過後，你會覺得舒服自在，即使聽到你道歉的人沒這種感覺。不對高壓情境有所反應，其實是讓人鬆一口氣。你可以為了製造問題而道歉，為了涉及糟糕的情況而道歉，為了沒有努力平息紛爭而道歉。你是在為你引發混亂的行為承擔責任。

道歉意味你接受事情的現況，而不是任由事情原地踏步。或許，少了憤怒，你更有可能用心採取某個行動，好讓未來不必再說「不好意思」。

第九章

萬事皆虛無

次郎告訴我，我該離開了。

當時我們正在金澤當地某棟公家機構高樓的頂樓向縣政府爭取經費，希望合作一項計畫，編寫一本小冊子，介紹山中地區的職人工匠；這些工匠為次郎的日式旅館提供作品。次郎負責接洽這些工匠，而我負責撰稿。

我正值青春期的兒子尼克在樓下寬闊又深邃的大廳等著。這大廳挑高十二層樓，周圍是開闊的長廊。你能聽見底下傳來鞋踏聲的回音，那往往是有人在奔跑。大廳窗戶有兩、三層樓高，可向外眺望，但窗外沒有什麼景致：一座停著閃亮汽車的大型停車場，車子洗得乾乾淨淨，宛如新車，東邊遠方有低矮山坡，雙線道的馬路旁有一家 7-Eleven 超商和一家顏色鮮豔的餐館。

「是，」次郎小聲說，「我們有正事要討論，行政事務，你事後再加入比較好。」

次郎事先提醒過我會有這個指示和我該有的反應：「好，我瞭解。」這可說是按照腳本先排練過的，縣府官員也都理解。

因為知道會有這狀況，所以我先前做了功課，看看在他們討論時我能在附近看點什麼或做什麼。

鈴木大拙館就在附近。鈴木大拙公認是將禪宗推廣到西方的功臣。我看過他的幾本著作。我告訴次郎，我想去參觀這間博物館，於是他請他的司機載我們過去。鈴木大拙館是由建築師谷口吉生設計，他也是紐約現代美術館 MOMA 重新設計者。研究日本建築的名學者黛娜．邦特洛克形容谷口吉生是「極簡主義大師」，而谷口對不在場的事物、隱含意義的信心，就展現在他的作品裡。

尼克和我不識谷口吉生的名望，我們倆也都不是建築學者，因此親臨現場時，感覺反而更加深刻。我們在不做分析、也沒有相關資訊的情況下——那是稍後的事——體驗了這座博物館。置身在谷口吉生作品內的那當下，我們或許感受到了他想要我們感受的。我們到那裡是為了鈴木大拙，而不是為了展示鈴木作品的建築。

我們從一個平凡無奇的門口進入，走了幾步就來到玻璃圍住的購票櫃台。買票後，我們收到一本小冊子，裡邊有博物館導覽圖。我們走過一間間展示間，受到思緒的撫慰，欣賞展示櫃內和牆上的手稿及照片。這些資料根據年代陳列，所以我們等於經歷了鈴木的一生。現場展示風格十分簡樸，讓人更能深入欣賞。

我們來到位在主建物外的一個區域，「思索空間」與「水鏡之庭」，這裡有種奇異、卻更加深刻的感覺。思索空間是一個昏暗的方形房間，四邊都有開口能看到一座庭園。

房間裡沒有東西可看。虛無正是這個空間裡最真實的事物。你可以坐在寬闊的木平台上，在靜默中往上、向外凝視。

我們在那兒坐了許久，後來尼克才告訴我，那是他造訪過最美的博物館。他去過許多博物館，我不確定他最喜愛鈴木博物館的什麼地方。他談到虛無。進入空無一物的地方，感受到當中的一切都令人覺得幸福。

我們沒有因為設計看似缺少巧妙而被誤導：那些細長的線條、花崗岩、進入空間內的光量，以及地板與平台的材質都非常出色，令人回味。那裡空無一物，但是，啊，這空無一物卻令人驚豔！

車來接我們回去找次郎，他從我們的表情看得出我和尼克非常開心。我們不必多說什麼。

他說：「很高興你們喜歡那間博物館。」

次郎的日式旅館就充分利用了我們在鈴木大拙館體驗到的那種靜默與虛無。牆上空無一物。空間沒有陳設與裝飾，內部幾乎各處都能看見森林和庭園。沒有分心的需要或慾望。沒有告知訊息的需要或慾望。它只是一個途徑，接受我們接近虛無，接受讓虛無顯現你我在世上的短暫存在。

附近有另一家日式旅館「無何有」，這名字本身就象徵一個觀點，代表日本人使用空間的方式。與丈夫一成共同經營旅館的老闆娘中道幸子告訴我，無何有大致的意思是「萬事皆虛無」。在這裡，你也會體驗到空蕩蕩的牆面與寂靜。

造訪日本多年，改變了我在美國自家利用空間的方式。以前我就和大家一樣，常會保留物品，甚至是多年前的東西，儘管根本很少用上，我發現要放手還是很困難。[1]

我怎麼能丟掉一九八一年的 The Clash 合唱團T恤？那年夏天我看了三場演出，有一次還是跟我前女友的妹妹瑪麗在艾斯貝瑞公園市的搖滾區看的。要是把T恤丟了，不就像是也把部分的自己給扔了？

我的書房從地板到天花板堆滿東西，包括世界重要事件的剪報和雜誌報導、大學時所寫的文章，還有從來沒讀過的書。帽子、鞋子、小家電、擺飾和紀念品，每一樣都有回憶。

就像那尊小小的嬉皮黏土塑像手上拿著一塊牌子：「反抗仇恨。」當時我媽和我到一戶人家，那個女人和她兒子在賣我們以前說的「新奇物品」，我媽想買來當派對小禮物。那個兒子穿著洋裝，臉上還化了妝，我以前從沒見過男生那樣子，所以那天下午的記憶是無法抹滅的。

或是那個裝菸的紅色小錫罐，那是多年前我和我爸到荷蘭旅行時買的。他租了車，給了我一張地圖，讓我負責帶路。他不在乎要去哪兒，只要在下午三點前後能找到有空房可住的小旅館就好。

如果丟掉這些東西，我是不是就會忘記自己曾在哪裡，又是誰陪在我身旁？嗯，或許吧。重點可能就在這兒。斷捨離可能是個健康的決定。向前走，才能讓自己更加把握當下。激起回憶的事物有礙接受現在。

我害怕現在的什麼？為何要回頭看？

不要回頭看。

我也想到我想要什麼，以及該怎麼做才能得到。為了得到更多，我願意放棄什麼？為了得到更多，我會對自己提出什麼要求，我會遵守什麼要求？我需要多少東西？

怎麼知道你擁有的東西夠多了？

我越是思考，就越清楚自己要的更少；我之所以更快樂，不只是因為我要的更少，還因為無意再多要什麼。這體會不在一夜之間，它經歷了大概五、六年，然而一旦接受，

1 如果你想到「居家整理收納女王」近藤麻理惠，不好意思，先別出動掃把，等個幾分鐘。

也就有了改變。

我買了半打大型透明塑膠收納箱，把不要的東西全丟進去，「暫時」存放在地下室。我保證有一天會把東西丟掉。我保證！

一尊小型的林肯半身塑像、我念書時用的地球儀、無數字跡潦草的索引卡等等。但我也扔了很多東西，丟掉的應該比留下的多了四倍。我放手了。

煥然一新，我覺得自己像個自由的人，覺得更能為了獲得幸福，而接受必要的失去。

大清理過後，我的書房幾乎騰空。只剩一張建築師繪圖常會用的高腳書桌、一張高腳椅、一張舒服的閱讀椅、兩盞攝影棚會用的燈、一張日文原版的《天國與地獄》電影海報、我兩個孩子的出生宣告卡片、一張東京地鐵路線圖，以及，好啦，好幾堆的書。

絕大多數的東西都不在了。它還稱不上「思索空間」，卻是我為自己整理過後最空曠的房間。

現在來聊聊清理這件事。你們應該不會相信，但我發誓，直到我拿這一章給某個朋友看之前，我根本沒聽過近藤麻理惠。朋友說，呃，早在我和多數人試圖清理雜物之前，近藤麻理惠就已經出名很久了。所以，這些都要歸功近藤小姐和《怦然心動的人生整理魔法》。在此表達至高無上的敬意。[2]

全世界清理大隊的人[3]都同意：清空房間對人的心理與情緒都有莫大好處。活在當下，生活中少點會勾起過往回憶的東西，結果會有什麼改變？iPhone 推出新款，我就真的需要換新手機嗎？為什麼要買更多衣服？為什麼要買更多東西？

「擁有更多」這件事帶出了關於風險及益處的提問。擁有更多的好處是什麼？有什麼風險？享受你已擁有的，而不是去得取更多，或許才是更好的做法。你還能覺得多好？為了自我感覺更佳而設法去得取更多，你又會失去多少自我？

將書房大部分的東西清掉後，我發現過往並沒有因此而失去。正好相反，如今過往已在我心；如今過往已不復見；如今我就是過往。這是一個接受改變的絕佳方式。

也許，二〇一九年普立茲克建築獎的得主磯崎新說得最好：「建築一如宇宙，生於

---

2 BBC的一段報導指出：「近藤麻理惠絕非唯一推廣這種更為簡單、整齊生活方式的人。在英國，人稱辛奇夫人的蘇菲・辛奇克里夫就向她的 Instagram 追蹤者和電視觀眾證明，居家乾淨整齊為何能讓生活更美好。在加州，專業整理家貝絲・潘）寫了一本書，而且成立公司，幫助大眾整理他們的物品。快速搜尋網路，即可找到另外數十本的書和相關清理服務。」周遭環境若是塞得滿滿，也可能會讓我們感覺較為焦慮、壓力較大。加州大學洛杉磯分校的心理學家蕾娜・瑞皮提與達碧・薩斯比的研究就發現，住處較為雜亂的母親，其體內的壓力荷爾蒙皮質醇比較高。

3 清理大隊的第一守則就是，沒有清理大隊。

虛無，從無到有，最後又復歸虛無。這個從生到死的生命循環正是我想展現的過程。」磯崎新的這番話同樣也適用於專業建築領域之外的人生，而他八十七年的人生正透露了他的觀察。這些觀察既是關於接受失去與短暫，同時也是邀請，邀請人參與並貢獻世界。

從這位建築大師的看法中獲得啟發，就有可能想出方法，表達對周遭事物的觀察，而不是強行突顯自我的個性。虛無是象徵，意味我有朝一日也會消失。能體認並運用這種空無的意識，那便是接受，而非抗拒或否認這種自然的必然性。當磯崎新談到生與死，他是在暗示一種復興。

為何要將房間填滿雜物，假裝成別的樣子呢？為何要藉囤積來否認死亡？那些圍繞你的物件暗指你能長久地享用它們，然而實情是，今日你雖仍在這世上，但……

第十章

家是最獨特之處

第一次受邀進入日本人的家，我脫掉鞋子，換上室內拖鞋，步上通往客廳的門廊。這時，我看見右手邊有一座小小的木櫃，櫃裡擺有幾張黑白人像，我想那是已逝的家族成員。一排物品跟照片擺在一起，看似是宗教用品。

主人告訴我，我看到的是佛壇，他接著解釋給我聽。我們坐下來享用他祖母端來的茶與甜點。祖母拿出一本冊子，裡面是多年前她和丈夫造訪的各寺院僧侶所寫的書法，上面還蓋有朱印。

當然，那些黑白照片中有一名男子是她的丈夫。

佛壇看似是個小櫃子或架子，往往會設在住家門廊上，當作看守塔。它有點像是祭壇或聖物箱，擺有佛像與佛具，後者是盛裝焚香、祭果等物的容器。性靈指引我們的生活，而佛具是讓人想起性靈的實體物，承載著許多意義，端視家庭及尊崇過往的人而定。

日本住家中的佛壇是為了提醒生者，他們的想法與行動都會受祖先評斷、觀察與接納。

嗯，也不盡然。

這些神龕是尊崇死者、接受他們已逝的方法，但坦白說，這當中隱含的訊息不就是你的想法和行為應該遵循逝者對你的期望嗎？如果你覺得自己的作為會令逝者失望，那麼就是對逝者不敬。這有助人舉止端正，卻也可能是一種束縛。

又或許兩者皆非。因為誰會知道逝者對你有什麼期望？前人已逝，但你還在人間。佛壇能支持你的行動。你大可告訴自己：「我就是我爺爺希望我成為的那種人！」但你心裡明白，他永遠不會知道。

你的行為是由你決定——你為自己的行動、想法與作為負責——而祖先在看顧你、支持或譴責你行為的這個概念，其實是很有創意而且實用的「故事」。

這為你的生活提供了一個情境：愛你的人在看顧著你，而某種程度上，你也透過自己的行動讓他們繼續活著，帶著他們邁入未來。

我們的人生就是家人故事的總和。家人的故事造就了現在的我們，而佛壇就是提醒我們那些故事的實體物。

•

說到「性靈」，我指的是那些不可見、不可知，而且無法解釋的事物，它引導我們每個人轉移或集中我們的注意力，牽著我們以令人遺憾、突然或情慾等出乎意料的眾多方式行事。日本文化往往強調晦暗與陰影面，接受自然給予的贈禮，接受它對我們的期許，接受透過祖先的眼睛看待自己，這是一種跳躍式的想像。

改寫一下繪本作家莫里斯．桑達克的話，佛壇最酷的一點，就是你在祖先的心裡，而祖先也在你心裡。他們如何接受，端視你如何想像，而佛壇是具體的提醒物，讓你知道，不管你做什麼，對，你的祖先都可能同意。

不過也沒那麼簡單。佛壇不是「赦免卡」。如果你有一座佛壇，而且允許它影響你的想法、情緒、意識、人際關係以及決策過程，那麼你就是真的將祖先作為有意義的情境脈絡，帶進你的生活。畢竟，佛壇是一個實際而具體的物品，提醒你過往就是永恆的當下。

即使這種祖先的建構是想像的，意即你就是想像中的祖先，但現在你有了歷史的知覺或傳統，而你的行為就發生在這當中。你不再完全在現在或預期的未來裡行事，也不盡然考慮你的傳承，而是除了這些考量之外，你知道自己屬於一個可回溯至不可見、且不可知過往的家族。

接受失去他們之際，你也深化了對這個世界的意識，行事時會參照過往。

如果你的行為惡劣，你不僅是惹惱身邊那些人，也是對為你的存在負責的人不敬。佛壇是一種接受失去、並將這接受轉化為持續的尊敬之舉的方式。

問題在於，列祖列宗未必十全十美。我們都必須力求更上層樓。我不是指忠誠、勇敢、韌性或耐心。祖先以許多方式實現了那些價值，他們的榜樣也持續作為我們的標竿。但是論及種族、性別與階級，他們通常一無是處。

你的任務是看著佛壇，接受祖先無比勇氣的啟發，同時體認我們能將他們的正面價值應用在今日面對的高壓事物上。

一旦念及佛壇，我們就有機會增進人生的意義。不要只思考幸福或對穩定的需求，也想想我們的先人。在接受他們已逝、將先人納為我們生活的一部分之際，我們也能思考：我爺爺會怎麼做？我們的作為會對家庭造成影響。

在家供奉祖先也許會是令人忐忑的體驗，既帶來焦慮，卻也可能是幸福的來源。他們的存在就意味會有搖擺不定的情況。有時候爺爺會同意，有時卻不見得。這決定權其實在你手上，是你在「想像」什麼樣的行為會得到認同。美妙之處就在於佛壇是一種實體的提示，提醒你要運用自己的想像力。

佛壇的重點不在於讚頌滿是艱困與失望的過往。過往其實始終在我們腦海中；無論喜歡與否，過去的經驗都會左右你我的行為、意識，以及決策過程。

或許這不值得一提，但以防萬一，我們就姑且同意，過往——好與壞、惡與善等等——是潛意識重要的部分，有時也掌控著你我生活的意識。

佛壇創造出了理想與具體版本的祖先，他們可能、或至少不再只是想像中的權威，而是家中設有佛壇的人能看見的祖先。

佛壇不只是實物，也具有象徵性，類似羅蘭・巴特指出的：一個標誌；你可根據你的能力或喜好去詮釋。過往一旦實體化，不只存在於我們的腦海中，那麼這樣的象徵或標誌就有可能再被詮釋，或許由生者來詮釋更容易。

如果你不是日本人，你也可在家中擺設神龕展現自己的傳統。我們大多都到過那種住家，廚房牆上掛著幾十張父母、祖父母、叔舅姑姨以及表兄弟姐妹的照片，有些正襟危坐，有的則是在海邊拍下。親人離去後，這些照片提醒著仍住在那裡的人，傳統綿延不絕，也訴說著家族的歷史。

重點在於你的作為可能會為祖先、以及由他們延伸出來的你帶來榮耀、恥辱，或是介於兩者之間的各種狀況，而且每天不同。

我不是會對塑像或圖像有所信仰的人。我家中沒幾張家人的照片，更沒有佛壇。不過，日常裡我會想到父母和祖父母，或因失去親人而傷心，也會去理解我的作為為何會與他們有關。

這是一個忘卻個人主義的過程，將言行置入已逝的家人會如何接受我的範疇內去思考。

像這樣藉由記住別人來忘卻自我的獨特經歷，有值得大書特書之處。它塑造出一個非常親密的家。它降低了日常壓力的嚴重性。它提醒我們，人生在世並不長久，我們的重要性主要源自我們的先輩，而非自己現在面臨的事物。

環顧你家，找出那些你為提醒自己記住那些已不在你生命中的人而擺出的物品。感覺起來，這些人有時甚至比你的同事、鄰居甚至新聞上的臉孔更真實。

佛壇是一種記錄歷史的方式，讓我們知道，接受失去，我們就重新創造（並體現）了逝者，一如作家希拉蕊·曼特爾所寫：「除了將消逝的亡者寫下，使其復生，我們還能如何紀念他們？」

第十一章

是，我知道了

繼「不好意思」之後，「はい—是」和「わかりました—我知道了」是我在日本學會的第二和第三個字。這兩個字我到處都聽到有人在說。

說話者緊抓話筒，同時彎腰鞠躬，嘴裡吐出這些字。每個人的臉孔固然不同，表情卻同樣真誠而堅決，眼神專注，彷彿沒有什麼事比口中說出的那幾個字更重要。

「是！」暫停，「是！是，我知道了！是！」

微微鞠躬，放下電話，繼續一天的工作。

在餐廳、飯店、酒吧、咖啡館、商店、商業場所、辦公室以及市場，人們避免眼神直接接觸，取代這種西方非常重視的習慣的，是身體的姿勢、語氣、點頭以及說話方式。從頭到腳，你運用全身感官，表達意義、尊敬、接納以及對於對方的理解。

「是」非常像在說是，卻又完全不像在說是，這個複雜的難題在西方人與日本人之間造成了諸多誤解。說「是」之後再加上「我知道了」就稍微有助釐清意思。它的意思是「瞭解」。

當日本人說「是，我知道了」，他們可能同意、也可能不同意你的看法。這代表說話者在說他們瞭解你所說的話。這種理解形成了一個脈絡，方便人在剛剛說過的話之後做決定。

如果根本還沒釐清我是否確實瞭解你要我做什麼，或是對我有何期望，那我怎能同意或不同意你呢？我們還沒釐清你我之間的關係。「是，我知道了」是建立雙方關係的一個方式。

這一點一旦有所進展，我們就能著手尋求可能的解決方案。我可能會遵照你的要求，也可能不會。你可能聽到我的「是」當中的諷刺意味，所以下回交談時，你就會加碼問說：「你什麼時候會完成我要你做的事？」或者「這件事要在週五之前完成。」「是」是順利實行計畫的序曲。

•

我非常喜歡這樣的協商過程，也將之應用於各種情況，而且得到出乎意料的正面結果。

它代表努力——真的非常努力——達成共識，不把事情越搞越嚴重，以及努力去明白對方可能令人生氣的原因。

最近我必須和一個聘請我在紐約寫作的人交涉，幾個月過去，我們都沒有安排必要的約見時程。我因此失眠，努力對抗挫折感與憤怒情緒，終於，我恍然大悟：這個人根本不在乎。他不只不在乎我們的合作計畫，對很多事情亦然。這個體認有助我看見問題，而這個問題在他的一生中其實是一項挑戰：我只是他慣常不在乎的其中一部分。接著我明白了，一個毫不在乎的人可說相當悲哀。整體而言，我能夠以彷彿置身事外的角度來看待這件事。

我心想：「是，我知道了。」我瞭解了。知道此人並不在乎，讓我和他的協商變得容易許多。我能後退一步，在情緒上更疏離，接受他和這個狀況，將「不在乎」視為一個課題：他將我暫時帶入他的生活，計畫一旦結束，我也就能恢復我的生活。

「是，我知道了」意味尋得解決方案的時間可能會延遲，或許還會拖很久。與其說同意或不同意，說出「是」的人給了所有人一個機會，將事情想清楚，體會對方的感受，創造一個專屬於那個情況的新關係。在那段建立共識的時間裡，你思考的不只是自己的快樂，別人的想法和感受也與你的一樣重要，甚至更重要。這種思維上的變換是日本社會的構成因素之一。

話說回來，由於有些話沒有明說，也沒有做出決定——只是還沒——情況也可能會停滯而惡化。在日本，有一種放任關係模式造成了經濟成長緩慢、限制了參與的間接性、社交孤立、恥辱、女性在公職或企業無法擔任高層，以及非常複雜的婚姻與約會模式。

不過，美國的利己與自我提升文化同樣造成了認同感的喪失，以及上述領域的種種問題。「對我以及像我這樣的人有什麼好處？」當我們關心的多是自己的幸福時，就鬆開了連繫著我們與家庭、社區以及職場上的人的那些線。減低同理心可能產生幸福的短暫錯覺，但它無法持久。自己想要得取更多，可能就無法承擔責任，不想與他人共同生活，以及照顧那些需要你我協助或無法為自己爭取利益的人。

失去同理心會導致不幸福，儘管自我提升似乎是解決之道，但更長遠的作法卻是讓他人幸福，並與他們一同體驗那種滿足感。

或許，擁有幸福的最佳方法是改善別人的生活。

我只是說說。

「是，我知道了」是一種傾聽的方式，也是創造良好決策可能的理解方式。你告知對方你明白了。在個人主義盛行的文化中，往往有贏家與輸家，說「是，我知道了」能讓我們接受別人的觀點。它是典型的「受け入れる」。

「受け入れる」能夠將隨著高壓狀況出現的憤怒、恐懼與悲慘減至最低。理解眼前發生的情形能產生距離感，以及某種程度的冷靜與疏離。如果你能說出你瞭解，你就不是在用情緒做出反應。你是在思考眼前發生的狀況以及說出的話。

「是，我知道了」能讓情況稍微輕鬆些。你的需求、感受與想法不再是那段關係中最重要的事。這著實令人覺得自在，也讓你有了後退一步的權力。

希望讓溝通、觀察與關係更有意義的需求或慾望，不是只能應用在面對面的情境而已。許多人會在網路上與朋友、同事及陌生人互動。少了人性的真實接觸，就會出現一種奇怪的自由，引出酸民、仇恨言論，以及羞辱。沒那麼嚴重、但依然相當糟糕的，則是當人們在電子郵件上提出要求、提供回饋以及分享觀察心得時，語氣可能會咄咄逼人。

數十年來，麻省理工學院心理學家雪莉．特克博士專門研究科技對人類行為造成的影響，並出版了幾本探討科技對心理影響的重要書籍。她指出，在網際網路創造出的虛擬真實裡，我們的同理心有減少的情形。確實沒錯，少花點時間在網路上，會提升我們對別人真實需求的實際認知。特克博士肯定科技的價值，卻也敏銳地分析出當人類在機器上較以往花費更多時間時，我們會出現什麼狀況。

我們或許能限制在家、教室和餐廳上網的時間，但未來在虛擬真實中的溝通應該只會更多，不會更少。無論喜歡與否，網際網路對我們看法的影響只會更大，吸引更多個人與企業認可它的貨幣與社交優勢。網際網路是不會消失的。

馬固然有趣，但接著有了汽車。

我很感激能看到大家在搭地鐵時可邊用手機上網。我記得，以前同樣無聊的人沒有手機，就惹怒坐在他們旁邊的人。像我這樣的人。

我也記得透過電子郵件或電話預訂班機和飯店有多麻煩。或是站在擁擠的商店裡，不確定我想買的東西價錢公不公道，因為我無法動動手指馬上比價。還有得花好幾個小時去採買，而現在我只要幾秒鐘就能同時在幾個網站上訂購，商品隔天直送到家。由於時間釋放出來，我有更多自由可去做別的事，像是帶小波散步，在健身房慢跑，看書，寫作，煮一頓像樣的晚餐，跟朋友見面喝咖啡等等。

我們能想到網路如何改善生活的無數例子。那為什麼不將「是，我知道了」應用在網路上，在虛擬狀況中實行特克博士對同理心的深刻關注與理解呢？將真實的例子應用在虛擬環境裡。

在日本，電子郵件、簡訊與社群媒體貼文，以及與那裡的朋友往來交談，經常能散發一種愉悅及細心觀察的語氣。就像：「我明白要在紐約見到你不太容易，因為我在那裡的時間不長，但是我可能比你更失望。如果我們下次再見面呢？」或是：「我瞭解你原本星期五之前要拿檔案給我。可惜檔案還沒出現。新的時間表是什麼時候？」還有：

「抱歉打擾你。也許我誤解了，我們是不是說好應該要檢討提案了？你有什麼想法呢？」

如果一開始就承認你瞭解，你等於是在暗示其實你之前並不瞭解。

第十二章

道元禪師會怎麼做？

時值一二二九年，道元禪師不知如何是好。他是日本中世紀時的禪寺住持。隆冬，寒氣逼人，屋內屋外皆然；禪寺夏季悶熱難耐，雨季則又濕又黏。道元決定將禪宗教義與原則帶進廚房，寫出一份煮食指南。但該從何著手？

健康？均衡？營養？美味？

日本當時的醫者並無可靠的知識能診斷出諸多可預防的疾病，更遑論治療。減緩病痛的方法有限，也無醫療院所。沒有烹飪學校，沒有營養學家，可知的事實少之又少。當時的科學主要是由詩詞與輓歌的觀察構成，重點在於自然，接受不可知的事物，推廣痛苦與失去乃是眾人此生必經過程的信念。也只能如此了。

當時緩解疼痛的方法不多，嬰兒經常難產，就算你活過五歲，要活過三十也只能碰運氣。難怪日本文化會淡然接受事物的短暫，與永恆的山川、森林、天空與海洋和諧共處。

道元禪師認為，為了堅毅地面對此生的挑戰，我們需要意識。如何創造那樣的意識是像他那樣的人需承擔的責任：這群人讓自己跳脫日常，把時間投注於建立人要融入、接納大自然所需的靜心。

天地對人有何所需？我們如何知道？一旦我們認為自己知道這答案，又能做什麼，好為大自然接受？

沒有多少資訊可供道元禪師深究。當時沒有圖書館，沒有可供討論用的公共場域，開放性對話屈指可數。數百年來，人相處交流的方式沒有多大改變，像道元禪師這樣的人都是依循一套早已寫好的誦經與敬語度過一天。

禪寺之外又是另一番景象。

道元禪師和弟子至少有堅固的處所可住，有田地可耕種，有食物可烹煮，甚至有時間思索該如何展現接納。

道元禪師得以活至五十三歲的熟年（一二〇〇至一二五三），然而禪寺外的常人通常不會這麼幸運。他們的生活困苦，在頹圮的住處裡面對大自然的無常，沒有耐穿的衣物鞋履等基本用品，也抵擋不了洪水、颱風、颶風與火山等天災，因為不識農耕技巧而易受飢荒之苦。他們目不識丁，被大名強迫上戰場。道元禪師應該是日本人的性靈領袖，他們需要所有可能的協助。

對於導致人難以改善生活的系統與制度性現況，道元禪師能做的——或是想做、或是想到要做的——並不多。但陷在千百年來不斷重演的困境、遵循祈禱中指示的習慣竭力求生——道元可不是那種人。

不只如此：禪宗與大名的關係緊密，後者會提供金錢供僧人沉思人生，無須辛苦耕種、睡在簡陋的小屋，或是參與他們一無所知的戰爭。相對地，禪僧則賦予大名正當性。大名不僅能得到禪宗的祝福，也會被視為神聖的統治者看待。反抗大名等於是反抗自然、不人道、不合邏輯而且不自然之舉。

道元禪師盡其所知所能，讓自己與大自然結盟。了不起的是，他費時數十年所寫下的想法，成就出了日本料理的黃金標準。之所以了不起，是因為道元在毫無前例可循的情況下仍著手進行，不顧傳統，獨立於其他思想家，而且是在相對孤立的情況下完成。道元的想法與信念從何而來？

來自觀察。

撇開其他不談，他有的是時間，他的書不多，而且無一是世俗之書，日常除了誦經與例行雜務之外，也幾乎沒有其他責任。道元禪師能自由地思索世界，忖度它的期望，思考人如何自處。他能傾聽自己的呼吸，感受自己的身體，欣賞時間的短暫性。

身體要什麼？我們的肉身如何接納自然？

由於道元的生活與多數常人（從挨餓的農人到貪得無厭的大名）有別，因此得以「不切實際」。他的觀點完全不重私利。他不清楚什麼是可能、什麼又是不可能。他最終提出的是夢想的體現，一種理想的料理之道。

道元禪師做了什麼？「道元禪師寫道，烹調有五味、五色、五法。」京都水暉餐廳的主廚三浦雅彥告訴我，「五味：甘、苦、鹹、酸、辛。五色：赤、青、黃、白、黑。最後，五法：煮、蒸、炸、燒、生。」

如果你是農民、大名，甚至禪僧，這些指引都非常實用。詩意，當然，但是實用？

「聽我說，」三浦雅彥解釋，「道元在大約八百年前寫出〈典座教訓〉。他是寺院裡的僧侶；典座是負責寺院齋粥之人。他的文章是合宜的料理指南，〈典座教訓〉如今已是所有日本大廚的聖經。沒有任何文本能與之相提並論。〈典座教訓〉提出料理的原則，對現代日本的專業廚師依然別具意義。有些原則特別針對懷石料理，[1]但就連它的基本哲學也關乎一種文化，那就是客人坐在吧台前，欣賞廚師燒烤雞肉或煮麵：『典座必須在場，在烹調時仔細關注米飯和湯。無論是典座親自動手，或有助手幫忙執行料理過程或照顧爐火，都是如此。不可因食材看似簡單就有所疏忽，不可因食材高級就不更勤勉。』」

道元禪師清楚表明，料理必須設想周到，顧及食材如何處理以及為誰烹煮。你必須接納你自己因為食物、因而也是大自然的一部分。

多數日本人在自家備煮三餐時不會運用到五味、五色和五法。如此做法精緻但耗時，在高級的環境裡才看得到。若要精確遵循道元禪師的原則，你最好是個廚藝高手。

道元禪師之所以到現在仍具意義，甚至對不在高級廚房工作或接受款待的我們來說亦是如此，原因就在於他提出、而且闡述了這些原則。這些原則鼓勵我們去思考如何吃，吃什麼，而且可應用於任何類型的食物，不單是日本料理而已。透過道元禪師，我們更能觀察、欣賞以及接納大自然。

在道元禪師那年代，飲食是以素食為主。對僧人和大名來說，素食有時可能代表高級的「精進料理」（傳統的素食禪宗料理）。對大多數的其他人而言，日常飲食不過是蔬菜與稀粥（若能取得，往往也有魚和海鮮）。日本直到一八七二年才由明治天皇准許百姓食用牛肉，儘管先前數百年就已有養豬和狩獵，但農人的日常飲食都很簡單，大致就是足以維生的最低限度飲食。

1 「懷石」是指佛僧在冬季遵循的一種做法，已有數百年歷史。他們將溫熱的石頭放在僧袍底下，藉此驅除寒意。「懷石料理」的字面意思是「暖心食物」，但如今早已改變！現在的懷石料理菜餚多道，分量極少，一道道陸續上桌。這些菜餚的食材絕對取自當季，強調顏色、擺盤、口感及熱度。它在日本料理中的地位，一如法國菜中的高級料理：稀有，源自貴族傳統，目前是典型專供有錢人享受的體驗。

當你像農民那樣為了生存而吃，或是像大名那樣為了炫耀而吃，那麼食物與自然之間並沒有緊密的關聯。在這兩個例子裡，你把意義帶進了食物裡，你沒讓食物像原本在天地間那樣被體驗著，你強行加進了自己的需求和慾望。

說到日本食物，世界各地的人會聯想到令人驚奇而昂貴的品項，例如壽司，或是奢華大餐，例如懷石料理，以及美味的拉麵、烏龍麵或蕎麥麵。日本美食之旅的行程會帶外國客人到米其林三星級餐廳、美味的串燒店、居酒屋、燒肉、天婦羅、蕎麥麵、烏龍麵、炸豬排餐廳，以及雙人晚餐可能輕易就花掉一千美元的高級牛排館。但在道元禪師之前和他的時代，以及日後直到一九七二年左右，日本料理的食材反映的卻是一個歷經各種貧窮與孤立階段的國家。

在《日本飲食的轉變及其影響》一書中，作者之一的前東京大學農業系教授小林和彥博士指出，由於農業生產落後，歷史上日本的食物始終保有精簡的特色。

日本各地遲至一九二〇年都還過著糧食僅能勉強果腹的日子。小林博士引用佐賀純一所著的《絲與稻草的回憶：日本小鎮自畫像》：「在我們村子裡，米混雜大麥就算是大餐，六份大麥配四份米……我們山上幾乎沒吃過新鮮的河魚……年復一年，也沒見過新鮮的海魚。不過，大多數家庭在新年時都會買條醃鮭魚，只不過會先大吵一番。」

還談什麼壽司之神！

什麼，壽司？有稀粥。想吃稀粥？我們有稀粥。沒有壽司，沒有雞鴨，沒有豬肉，沒有牛肉。[2]

對於米飯如今成為日本的象徵，也在日本料理中占有不可抹滅的地位，小林博士引用的研究顯示「直到一九三九年糧食配給開始，米飯才成為主食。」

小林博士寫道，與其說米飯是多數人飲食的一部分，不如說它更是「財富、權力與美麗」的象徵。或許正因為它是一個幻夢，米飯在日本人想像中的夢幻地位，更提升了它的意義。

道元禪師那時的日本是這樣的：有幸活過三十歲的人大多吃稀粥，只有極少數的幸運者才偶爾能吃到豐盛的食物，偏偏造成普遍貧窮的條件與制度持續維持著的，就是這些人。

小林博士和我曾在寒冷的暗夜裡在東京共進過幾次晚餐。我們坐在他大學辦公室附

---

2 小林博士指出，日本在一九〇〇年時，「蛋產量是每人每月平均可吃到一顆……佛教禁止殺生，使得禁葷令日益嚴格，不過魚類和其他海鮮能豁免……以及各種以豆腐和麵筋製成的素肉品。」

近一家酒館的榻榻米上，邊聊天邊享用清酒、鮮魚、蒸蔬菜，以及熱湯麵。

他是個思慮周密而害羞的人，一頭凌亂的白髮，踩著多年來騎單車上班練就的迅捷步伐，穿著皺皺的西裝，面帶狡黠的微笑。他是個很好的聆聽者，會先消化別人的話，片刻過後才表達自己的看法，而且通常是陳述事實，較無個人意見。他近來在研究日本、中國與越南的有機稻米生產。

一如往常，我有理由讚揚日本食物的簡單，告訴他我多麼欣賞誘人的風味、食物與自然的連結，以及一般不依賴醬汁的習慣。我說我特別喜愛天然的味道：樸素的生魚片、來自山林的香草、符合時節的農產、嫩豆腐配薑絲再淋上一滴醬油等等。

他推了推眼鏡。我們沉默地坐了一會兒。

「日本以前很窮，」小林博士說，「我們的食物之所以簡單，是因為日本好幾個世紀以來都窮，一貧如洗！」

•

想像一下道元禪師，他既創新卻又忠於傳統，透過文本與禱文堅持己見，他歸納出了色與味的模式及料理法，在八百年後成為眾人至今依然在思考的觀看與存在方式。

雖然我在波士頓和紐約曾在三家餐廳工作過幾年，但我並非專業廚師。我會從還記得的大約二十幾道食譜中挑出幾道，使用好食材在家烹調簡單的料理，想辦法更上層樓。

夜復一夜，我烹調日本、義大利和北美料理，從像樣的日式高湯、黑胡椒起司義大利麵、烤鮪魚到起司漢堡都有。

每當我在做菜過程中思考時，道元禪師就會浮現在我腦海。烹煮速度快慢該是如何，盤中食物會呈現什麼模樣，該如何準備：煮、蒸、炸、燒、生。花點時間決定煮什麼、怎麼煮、思考用餐者的喜好，以及如何上菜，這表示我在深思熟慮——開動前，我就已先設法理解食物，以及即將品嚐我手藝的那些人了。

這也意味去思考飼養與宰殺動物的方式，思考消費對自然造成的影響。我在所居的城市鮮少外食，[3]而且，在家做菜也意味我能掌控鹽、糖在餐食中的用量。[4]

3 披薩對我來說不算外食。在波士頓，無與倫比的翁貝托拱廊街是我最喜歡的餐廳，它供應的方形西西里披薩堪稱全美最佳，而且上頭沒有餡料。我敢保證，道元禪師要是仍在人世，來到波士頓巡迴打書，他一定會將兩位老闆封為禪學大師。

4 某位波士頓的名廚讓我在這方面有了理解。她說：「四星級餐廳與其他餐廳之間的差別，就在於一盒鹽。」

對食物多加思考，也意味去瞭解吃食的重點並不只在我個人而已。保護動物、環境衝擊、身體健康、員工薪資、私募股權基金收購高級與平價餐廳的文化與經濟意涵，以及餐廳員工的心理健康，全都成為必須考慮的脈絡因素。忽視這些因素，你就得承擔風險。

別誤會：我想吃得豐盛，我也喜歡美味的牙買加餡餅或費城乳酪蛋糕。我未必會購買本地農產品或從哥斯大黎加運來的有機食品，但是我比以往更常自煮素食料理。事實是，我們用於購買食材或備餐的時間遠比實際上吃進食物的時間還多。所以，何不在對盤中飧食的欣賞上增添更多脈絡意義？

這種看法並無新奇之處，你讀麥可·波倫等人的書便可知，他們的見識與專業肯定超前我非常非常多。我們是殊途同歸。

如果你有意讓在家做菜產生更實際的改變，與日本傳統連結，同時也改變隨之而來的想法與感覺，何不挑選幾本能教你做法的食譜書？

我最喜歡的日本食譜有四本。

辻靜雄的《日式料理：簡單的藝術》有偉大的美食作家費雪為他寫序。這本經典之作著重於食物的性靈本質。費雪寫道：「在日本吃懷石料理的極致經驗會立刻產生一個結果，那就是，當我自己做菜時，我的食物來源和準備過程變得越來越簡單。當我必須在別人家或餐廳吃飯時，會覺得菜餚吃來油膩，調味過重，食材不夠新鮮。」除了哲學基底之外，辻靜雄這本書也相當實用，我每週都依據它的指導來做菜。

另一佳作是新保博子的《日本廚房》，書中提供在家做菜的食譜，有容易跟著做的清楚步驟。

伊麗莎白·安朵的《和食》是一本兼具教育性與實用性的百科。沒有一本書比它更能掌握傳統日本料理的意義。

最新的一本裡外都非常漂亮：南希·辛格頓·哈奇蘇的《日本農家菜》。如果想瞭解如何以日本人的方式準備以蔬菜為主角的美食，這本就是你該看的。書中食譜包括薑蔥烤稻荷、味噌嫩蔥，以及野菜天婦羅。

道元禪師並未發明面面俱到的烹調法，但由於他在極度貧窮的時代提出他的指導原則，他的作品受到人們需求的啟發與指引，那就是需要與大自然連結、善用僅有的資源，以及透過你我賴以維生的那些食材的關係，接受我們在世上的位置。

這樣的態度運用在料理上更顯不凡，因為它的起源與發展是在寺院，而非烹飪學校、餐廳或皇宮。

道元禪師受到人生短暫的意識所啟發，關注世人會因為個人的不滿、擔憂、憤怒與失望而與大自然斷離。沒有足夠的食物可吃？對富人與窮人而言，人生都太過短暫？那就依隨自然而食吧。善用你所有，便能接納你所有。

在當今的日本，作為一個獨特、高度現代化，卻直到近期才致富的國家，道元禪師原則的絕對證據十分罕見。你能在餐廳吃到精進料理，亦即傳統的禪宗蔬食，也能在日式旅館慢慢享用精心準備的餐點。由於精緻與緩慢，食物會要你全神貫注。觀察桌上每件餐具的擺法，以及服務者放置菜餚的雙手，等你真的夾起食物入口時，你已脫離了現實，也脫離了與吃這個動作無關的刺激。

還有極其精緻、稀有，而且非常昂貴的懷石料理。跟閃閃發亮、半透明的蝦子比起來，你一無是處，相較於大廚當天早上在一層新鮮的晚春白雪底下找到的山間香草，你一點也不重要。

在日本，要自稱懷石料理或精進料理大廚，需要經過多年的學徒生涯，並得到師傅接受以及同儕認可。擁有如此技藝或勇氣的人有如鳳毛麟角。懷石料理大廚往往是家族事業的新生代，而他們的事業都能回溯到好幾代之前。

由於這類料理十分精巧複雜或昂貴，許多日本人都沒享用過。但日本人日常在吃的食物，與道元禪師定下的規則也有關係。承認某些食物源自外國，像是拉麵和餃子（中國）、天婦羅（葡萄牙）、咖哩（印度）與燒肉（韓國），瞭解串燒、蕎麥麵、壽司和蒸蔬菜的味道，遵守顏色原則，口味的變化，以及藉由烹飪方法強調口感，在在提升了食用者對盤中飧食的意識。這個意識能啟發人去思考口中的食物來自何方，以及我們與這些來源之間的關聯。

日本很早就有視食物為日常生活的一部分、而不只是糧食而已的意識。當然，如果能更常去思考吃下的東西，以及為何而吃，將之制度化與系統化，我們的孩子或許會更健康。

日本人健康的飲食習慣從童年在學校便開始養成。學校午餐（稱為「給食」）由各縣的營養學家及營養師負責調配。公立小學皆供應營養午餐。大多數國中同樣供應午餐，但在沒有供餐的區域，家長就必須為學生準備食物。高中生若不是從家中自備午餐，就是上學途中在便利商店或校內購買。

日本的學校午餐源自文化傳統：「日本最早的學校午餐是由一名佛僧發起，他負責管理山形縣鶴岡市的一所學校。在校內供餐的構想源於他注意到有不少家境貧寒的孩子沒帶便當到校。這所學校最初供應的簡單午餐包括飯糰、烤魚以及漬物。佛僧學校這項午餐計畫的成果傳了開來。不久後，全日本各地的學校也都支持這個構想，開始為學生供應午餐。米飯搭配肉或蔬菜、魚及味噌湯成了典型的品項。」

學校午餐變成教育十分重要的一環，日本政府因而在一九五四年頒布了《學校午餐法》：「學校午餐是兒童正規教育的一部分，以教導有關食物生產以及用餐禮儀的重要知識。」《日本時報》在二〇一五年的一篇報導中這麼寫道。

我朋友由美的丈夫是小兒科醫師，我問起她的童年和兩個兒子的學校午餐時，她告訴我：「你可能會想知道，除了午餐，在學校飲食和嚼東西都是嚴格禁止的，至少到九年級都這樣。如果口渴，應該喝自來水。連一顆糖果、一塊巧克力、軟性飲料都不容許。」

好吧，但孩子們到底吃了什麼？

各縣的午餐菜單會依季節及當地農產而有不同：力求均衡、新鮮以及小分量。「Nourishing Japan—滋養日本」是一個關注日本學校營養午餐的網站，上面列有各種典型的學校午餐，其中一貫包含一份蛋白質（魚、大豆、雞肉、肝臟）、一份澱粉（麵或飯），以及兩份蔬菜。日本的學校午餐某種程度上是依據顏色設計的。「滋養日本」指出：

日本人以自己的獨特方式教導孩子食物的相關知識……將食物分成三大類：紅、黃和綠。這一組三色食物經常含括在學校午餐菜單的說明中：

紅：雞肉、豆腐、牛奶、鯡魚與海苔

黃：米飯、馬鈴薯、麵粉、地瓜與美乃滋。

綠：胡蘿蔔、牛蒡、大豆、白菜、黃瓜、白蘿蔔與乾香菇。

我想到道元禪師和他的顏色。

「真的嗎，由美？這很常見嗎？」

由美解釋，「對。紅色代表蛋白質，黃色代表碳水化合物，綠色代表維生素。我們記得這些食物的功能，也就是建構身體的食物（蛋白質），產生能量的食物（碳水化合物），以及維護健康的食物（維生素）。我記得念書時，學校廣播會在午餐時間公告當天菜單，以及能從哪種食物獲得什麼營養。」

引導與規劃日本學校午餐的還有另外一點：由美說，除了個人的過敏問題或醫學上的考量外，偏食會被視為是個人的自私行為，大家會認為偏食者是想與團體有所區隔，而不是接受個人在團體中的位置。

她耐心地說：「你可能也會想知道，家長每個月月初會收到隨後幾週的校方午餐菜單，明白孩子會在學校吃到什麼，而自己晚餐又該煮什麼，好補充營養。」

透過這樣的做法，家庭成了學校的延伸，家庭與學校區隔的狀況也就沒那麼嚴重：孩子必然成為一個完整系統的一環，而這個系統意在顯示，作為學校和家庭裡的團體，家長與教師是攜手合作的。

「要行為端正，光是不堅持吃喜歡的食物並不夠，一個人應該也要吃不喜歡的食物。」（不管你們喜不喜歡，孩子們！）美國人類學家蓋兒．班傑明寫道，「個人的健康或許能因此改善，但道德品格絕對能有所提升——徹底根除自私，並能展現及獲得真誠與合作。」

•

透過將盤中食物仔細分類，從童年跨入成年的日本人仍繼續思考食物，賦予「人如其食」這句諺語新的意義。一如其他國家和宗教，日本文化認為食物能表達歸屬感和族群意識，也是一種展現從屬關係的方式。

日本有兩個代表食物的名詞：「洋食」與「和食」。我的老友羅伯・薩特懷特是東京人，也是美食作家，他的網站 bento.com 是在東京用餐的最佳參考資訊來源之一。他告訴我：「『洋食』一詞定義相當含糊，而且往往得根據使用脈絡來判斷。我自己是只會用這個詞來指稱非常特定的日式洋食料理，包括咖哩飯、蛋包飯、漢堡排和炸蝦。」

「和食」則是用來界定「純」日本料理的名詞。和食對整體料理實在太重要，聯合國教科文組織因而在二〇一三年將之納入《人類非物質文化遺產代表作名錄》。聯合國教科文組織為和食下的定義是「一種社會實踐，其根據乃基於一套與食物的生產、加工、準備與消費有關的技能、知識、實務以及傳統。它關乎一種尊敬自然的必要精神，與永續使用自然資源密不可分。」

有點模糊，對吧？我想知道道元禪師會怎麼做。如果我膽敢魯莽地去臆測八百年前的這位禪僧會怎麼想，那麼，他欣賞的應該會是那包含對「自然的尊敬，與永續使用自然資源密不可分」的精神。

你可以將和食視為是道元禪師提出的原則，應用於自家烹飪上，在你吃的東西裡展現對大自然的敬意。是的，顏色、味道與烹調方法都很重要，若將之置於對自然的敬意與永續性的脈絡裡去瞭解，那麼它的意義會更深刻。

烹飪與飲食若能提升你對大自然的意識，幫助你接納自己在天地間的位置，便能產生一種有益健康的鎮定效果。你會開始明白飲食無關於你，甚至無關食物——它關乎創造出對一項必要的理解，而這必要就是接受人生的短暫，以及食物在維繫你我生命的同時，又如何加速了我們的死亡。

思慮周詳的態度也可應用在注意糖、鹽、熱量和生活方式上。

在《日本飲食的轉變及其影響》中，瓦克拉夫．史米爾與小林和彥這兩位教授寫道：「相較於其他富裕國家及某些低所得國家，日本的糖供給量一直非常低……比起其他富裕國家，日本人由糖攝取的熱量還是較少。」

•

現代日本具有種種正面的飲食特色，從健康均衡的學校午餐，到許多家庭重視當季烹調都是，雖然我們無法將功勞全數歸於道元禪師，但他的著作要求人想想自己吃下的東西，思考其精神意涵，無疑開啟了風氣之先。最重要的，或許是我們應該記住他的用意。

道元禪師生活在一個人在出生前一切幾乎就已注定的時代。凡夫俗子只求生存，而且僅止於他們膽敢希望的程度。

道元禪師創建了至今不歇的原則，當中特色重要且具體，能供我們在生活中運用。他建立以色、味、法來區分的各種類別，突破了個人的孤立狀態。他開創了共同經驗，為被社群接受以及融入自然增添了更深層的意義。

他將自己的注意力與努力放在別人身上，致力觀察。道元禪師的〈典座教訓〉與法國傳奇名廚埃斯克菲耶的著作不同，既不是菁英主義概略，也不是特意教人該吃什麼。他的理念是從方法、顏色與味道去思考烹調方式，並且要知道，無論你是誰、住在哪裡，任何菜餚都可能出現。去思考、預期與尊重一個可能性，那就是透過它的「樸實無華」，飲食能帶領我們更接近天地，也更接近彼此。

我的意思是，畢竟，那不就是道元禪師會做的嗎？

第十三章

如何做決定

和許多人一樣，我常覺得做決定非常困難。

呆坐在空白一片的螢幕前，決定這一、兩頁該寫什麼，可能就會花上好幾個星期。我都安慰自己說，至少我坐在這裡，我這是在思考工作，更何況猶豫不決的痛苦、惶恐與羞恥也是決策過程的一環啊。

這樣會有一陣子還算有效。有時卻又毫無效果。

就算無效時，我還是能告訴自己，又沒有人強迫我做這個，這是我自己選擇的生活。

我也仰賴一堆俗諺或名言金句的慰藉，好知道其實我並不孤單。它們讓我覺得自己就像是某個團體的成員，被大家接受，這有助我明瞭還有其他人也正面臨著更加痛苦、更為困難的類似挑戰。我的掙扎並不獨特；我不重要。還有聚焦在工作、而非做那工作的人的那種名言。這些都有助我接受現況。

日本的學生和家庭會在家中與學校展示各種金句、禱文、諺語及布告，意在激發和創造團體的凝聚力。

現居波士頓的日本朋友小島有希帶我瞭解這些諺語，讓我又多了幾分了解。除了會帶團到日本各縣的清酒釀造廠參訪之外，她也將日本文化引介給波士頓。

「有些人會用掛軸展示書法。」她說，「但那不是要激勵你，而是要讓你去思考。比方說，我在日本人的住家牆上就看過『一期一會』或『色即是空』的書法掛軸。」

想像一下，類似的東西要是出現在美國人家中——「Now or Never」（刻不容緩）或「Here Today, Gone Tomorrow」（曇花一現）——你就能清楚感受到這兩種文化之間的明顯差異。

「一期一會」的意思是現在發生的事將不再發生，不會以相同的方式出現，因此你最好讓自己全神貫注，沉浸在這次的體驗。

至於「色即是空」，根據網站「色即是空」（Form Is Itself Voidness）的說法，這句話「代表包括物質、人心與事件在內的萬物皆源自相同的基礎。儘管這些在人看來互不相同，但它們的真實狀態都是相等的。當分析到最大的可能限度時，萬物皆相等，因為它們都是某種能量（力）……簡單說，所有現象都源於相同的能量或力。」

「包括物質、人心與事件在內的萬物都源自相同的基礎」，接納這個觀點就意味我們利用了讓你我彼此以及與大自然有所區隔的那些差異。然而，現實是我們的起源（與死亡）都一樣。相等應該是一個慰藉，一種接受事實的方式，那個事實就是人與自然共為一體的時間終究長過與自然相隔絕，因此，你我其實也是相互連結的。

有希也告訴我日本大學生會掛在宿舍裡的那些橫布條：

頑張れ！

必勝！

就像掛在家裡的諺語，這些學生倚賴的口號考量的並非個人，「加油」和「必勝」對每個看到的人都適用。它們不是：「盡**你**所能」、「成為最好的**你**」、「如果你能夢想得到，**你**就能讓它成真」，或「是的，**你**可以」。

有希還告訴我宮澤賢治在一九三一年所寫的一首詩。她說：「這首詩，日本人在國中時都必讀。」

雨ニモマケズ
風ニモマケズ
雪ニモ夏ノ暑サニモマケヌ
丈夫ナカラダヲモチ
慾ハナク
決シテ瞋ラズ

イツモシヅカニワラッテヰル
一日ニ玄米四合ト
味噌ト少シノ野菜ヲタベ
アラユルコトヲ
ジブンヲカンジョウニ入レズニ
ヨクミキキシワカリ
ソシテワスレズ
野原ノ松ノ林ノ蔭ノ
小サナ萓ブキノ小屋ニヰテ
東ニ病氣ノコドモアレバ
行ッテ看病シテヤリ
西ニツカレタ母アレバ
行ッテソノ稲ノ束ヲ負ヒ
南ニ死ニサウナ人アレバ
行ッテコハガラナクテモイ、トイヒ

北ニケンクヮヤソショウガアレバ
ツマラナイカラヤメロトイヒ
ヒデリノトキハナミダヲナガシ
サムサノナツハオロオロアルキ
ミンナニデクノボートヨバレ
ホメラレモセズ
クニモサレズ
サウイフモノニ
ワタシハナリタイ

不懼雨
不懼風
強健身體對抗寒雪
與夏季酷熱

不貪婪
不怨誰
永遠溫柔微笑
日日食用四杯糙米與味噌
以及蔬菜
先人後己
傾聽理解
不健忘
住小茅草屋
在田野中松樹蔭下
東邊有孩子生病
便去照顧他
西邊有母親筋疲力竭
便去為她扛稻束
南邊有人氣息奄奄

便去說不必畏懼
北邊有爭端或訴訟
便去告訴他們別浪費時間
在乾旱時節
流下眼淚
在寒冷夏日
漫無目的地遊走
被說沒出息
無人讚賞
無人抱怨
我想成為
那樣的人

「先人後己，傾聽理解」，這句子提出了個人擺脫寂寞的方法。以他人的需求為優先，去傾聽與理解對方，你的考量就會以關係為基礎，而非滿足個人。幸福不是重點。

「西邊有母親筋疲力竭／便去為她扛稻束／……北邊有爭端或訴訟／便去告訴他們別浪費時間」這句子具體顯示了一個人應該、可以怎麼做，才能成為更好的人。這些建議的行動也顯示社群是與共同目標和關係網絡同時存在的。

接著，「便去告訴他們別浪費時間」也意味說者以助人的方式樹立了如何弭平衝突的榜樣，別人或許會聽他的建議。

接受同理心的重要性、認可社群的價值，以及以他人的需求為優先，都會讓你變得更好、更果斷。決定的基礎在於這樣的舉動是否對他人有益，而不是在決定當中尋求個人的幸福——那是自私。

十二至十四歲的日本孩子必須背誦這首詩，這意味孩子會記得當中幾句，能引導他們度過青春期。這些話並非什麼神奇的語言，也未必絕對有用，卻能提醒他們，人類天性中的自利心態不是應該追求的目標。

這才是目標：「無人讚賞／無人抱怨／我想成為／這樣的人」。「我是誰？」這是青少年最常有的疑惑，但這樣的困惑與掙扎某種程度上也能得到的解答：我是會照顧他人的人，是社群的一分子，感覺受到保護，因為我知道，如果我需要協助，社群中的其他人便會照顧我，而且我也有能力改善現況。

由於認同團體價值比個人價值更重要，日本人便透過公共基礎建設、公共健保、財富分配平等，以及醫療資源取得的制度與機構去增進人民的福祉。之所以出現這些發展與照護，部分是強調「團體」觀點的結果。這個觀點從人生初期就已開始，並貫穿整個童年與青春期的發展過程。它的基礎在於接受脆弱，以及克服個人脆弱的強烈需求。

你的決定如何影響其他人？

我在布告欄上釘了八則引文及諺語。這塊板子就在我書桌上方大約一百五十公分處，我用了好幾十年，時常看著它。

安娜．阿赫瑪托娃所寫的一段文字，常有助我做決定：

> 有一天，人群中有個人認出我。一個冷到嘴唇發紫的女人站在我身後，當然，她以前沒聽過有人叫我的名字。儘管我們都凍到麻痺，她還是使盡全身力氣開口，小聲問我（現場每個人都小聲說話）：「你能描述這個嗎？」
>
> 我說：「我可以。」
>
> 接著，一種微笑似的表情短暫取代了她臉上原本的容貌。

阿赫瑪托娃是俄國名詩人，她描述的是史達林下令將她兒子列夫囚禁在克列斯提監獄（位於當時的列寧格勒）的那段時間。在她兒子服刑期間，她每天和其他數百人一起站著等消息；這些人的父親、丈夫與兒子都因政治因素而遭囚禁。

列夫死了嗎？列夫還活著嗎？毫無音訊。你能想像如果列夫是你的孩子嗎？由於她知名度高，人們認出她就與她攀談，希望她的文學素養能帶來些許安慰。要是阿赫瑪托娃決定描述她自己的感受，她自己的痛苦，那種內省的絕望可能早就令她崩潰。

當別人也在受苦時，怎麼會有人只想到自己的苦？

阿赫瑪托娃對自己悲慘處境與非凡勇氣的描述幫助我瞭解了，儘管我的決定相形之下毫無意義，依然是一個更重要、設法努力成為好人的過程。

•

接受我心理評估的人往往無從描述自己的人生——他們實在太過痛苦——但也許我能代他們說出來。我有無數因為得到信任而聽到對方私密心事的例子，儘管我自覺能力不足，不夠、甚至完全不瞭解他們。但就跟他們生活中的大多數人一樣，至少我不怕去傾聽那些仍在發生中的驚恐，並為了我們倆而將之訴諸言語，或以同在、保持靜默的方式接受那些恐懼，無論時間多麼短暫。

還有，寫作時，我也試圖去創造或記錄可能會對讀者相當重要的事。他們與我有相同的懷疑與擔憂，但還不知道該如何表達。

我彷彿身負一項與我自己毫無關聯的目標或使命。我只是傳訊者。這種包容及同理的思考有助於各種決策。我努力避開那種敵我、對錯、最佳方法、爭辯式、唯我是從的思考方式。

一旦明白必須優先接受團體的需求，就會開啟各種創新、考量他人的決策方式。如果能讓自己跳脫狀況去思考，就等於成功了一半。不論狀況嚴重或普通，這麼問會是個不錯的開始：「我們要如何解決這項挑戰？」

此時，狀況不再是問題，而是挑戰。更重要的是，雙方會共同面對。你們站在同一陣線。雙方迎接相同挑戰的這個概念顯示你們願意去解決問題，理解對方的觀點，或許還擁有共同的目標。

如果這個方法無效，情況陷入膠著，那麼就要證明你和對方皆是同一個團體、而非兩個敵對的個人，也就是：「如果你是我，你會怎麼做？」

如果隨著這個問題而來的對話仔細而緩慢，當中充滿觀察和同理心，那麼，與你衝突的對方便有可能理解你的觀點。或許對方不會提出讓你滿意的解決方案，但他們此時或許至少已瞭解、甚至接受了你立場的正當性。當對方設身處地站在你的立場，表達他們願意怎麼做時，你也更能理解他們的觀點。

有助決定的第三個問題多了一項關鍵特色：「你以前怎麼解決這樣的挑戰？」什麼有效，什麼無效？你正遭遇的問題很可能並非首次出現，別人過去在面對相同的問題時，採取的或許是不同且有效的做法。

我最好的決定往往是採行我在日本體驗過的三個策略做出的：

考慮這項決定對其他人的影響。

思考是否別在當下立刻敲板定案才是最好的決定。

徹底意識到導引出這項決定的想法與情緒從何而來。

受到凝聚力、接納他人以及無私心所啟發，於公共或私領域做決定的策略，會減輕個人的壓力與寂寞感。研究寂寞的影響及其引發的痛苦的大衛・克雷斯威爾與愛蜜莉・

林賽這兩位心理學家就指出：「曾受過接受與鎮定訓練的受試者明顯比較善於社交。」接納他人，認知到他人的痛苦，對做決定是重要的關鍵。

第十四章

讀空氣

在東京一家豪華飯店高樓的陰暗酒廊裡，紳治安坐在扶手椅上，俯瞰皇居的護城河與遼闊的花園。夕陽漸漸西下，時值十一月底，我就坐在這位老朋友身邊。

服務生送來兩杯啤酒，他彷彿腳都沒離地似地從吧台滑過來。爵士鋼琴家奧斯卡．彼德生CD的輕柔樂聲從那個方向傳來，幾乎聽不見，但若是細聽，還是認得出蓋希文的曲子*I Was Doing All Right*。

互相碰杯，一聲「乾杯！」後，我們倆同時往後一靠，看著落地玻璃牆外的風光。酒廊裡空蕩蕩，雖然每年頂多見幾次面，我們卻一語不發。紳治是知名的美食導遊。那一天我們都在吃東西，但除了美食之外談得不多：是誰準備的、來自哪裡、怎麼吃等等。前晚我在一家名叫Den的餐廳差點害他惹上麻煩。我的米飯吃不完。

「請你把飯吃光！就算只剩一粒米，都等於是在羞辱大廚。」他小聲地說，「我看得出你已經飽了，但請為我著想。我在這裡算常客，希望還能再來。老實說，我不會對別的洋人這麼要求，但我知道你能懂這為什麼很重要。麻煩你了！」

當時我有很多話想對他說，也有很多想問，但當下安靜的氣氛讓我開不了口。

我看著紳治。他臉上帶著平常那種歡喜的微笑，一頭橘色頭髮加上大大的圓臉，讓我想起《愛麗斯夢遊仙境》裡的柴郡貓。

大約二十年前我剛來日本時，像現在這樣跟紳治之間的靜默其實是很難堪的。我會坐立不安，暗地想著該說什麼。我以為自己做錯什麼事，誤會了文化習俗，沒遵守日本禮儀。如今我才比較明白箇中原因。

這種靜默就是禮儀。我們在吸收周遭環境，感受氛圍，聆聽微弱的鋼琴演奏聲，觀看天色逐漸變暗。同樣重要的是，我們的情誼允許如此，而且創造出恰到好處的節奏與氣氛，讓我們得以融入周圍的世界。

所以我不意外紳治二十分鐘過後才說：「此時此刻能在這裡真好。」

是啊。我點點頭。

我回想記憶中在日本印象最深刻的時光。我和朋友默默坐著，那往往比交談更令人滿足。因為我們關注彼此，每次感覺都像是初次見面，在此同時，多年的熟悉感又讓這樣的觀察更加深入。

•

隆冬，次郎和我在他日式旅館的沙龍裡喝著咖啡。我已經用完早餐，泡過湯，準備和他去訪問提供產品給旅館的農人和工匠。這些產品從米、醬油、蛋、漆器、以樹皮製成的和紙，到木碗及筷子都有。訪談內容會收錄在次郎將用來宣傳旅館、提供給住客的一本冊子裡。我等著聽他對行程有何規劃，畢竟我們有二十個人要見，但只有五天可作業。

但是一句話也沒有。

我們拿到裝有熱水的小型咖啡濾壓壺，和剛研磨好的古巴咖啡粉。我之所以知道這咖啡豆來自古巴，是因為次郎到來之前，咖啡師博史就已鉅細靡遺地介紹了這豆子，讓我覺得這咖啡對他彷彿有某種更深層的含意。

我什麼都沒說，博史卻感覺到了我在想什麼。他害羞地笑說：「我知道，我知道，我可能有點像御宅族。」

「御宅族」一詞在日本是用來指稱全心投入個人興趣的人，有時甚至誇張到因為不實際的看法導致不實際的生活方式。例如東京超小型酒吧西洋鏡（Zoetrope）的老闆，就在店內收藏了數百瓶稀有的日本威士忌。或是那些聚集在秋葉原區的年輕男子，打扮成自己最喜愛的動漫角色。

「不，博史，你不是御宅族。你只是愛聊咖啡而已。」我說。

他點點頭，可能帶點反諷地說：「謝謝你的體諒。」

次郎拿下他那副漂亮的金框眼鏡，折起來，金屬發出近乎樂音的微弱聲響。他閉上眼睛。睜開雙眼時，他幾乎如同耳語般輕柔地說：「在開始之前，我想告訴你，我有多麼珍惜這次的合作機會。」

我知道敬語，也知道規矩，於是等了大約十五秒，深呼吸，然後說：「謝謝你的信任，讓我參與合作。我會盡力。」

「謝謝。」他同時點點頭。

接著又是一陣靜默，直到次郎打開已略有磨損的公事包，皮革包的金屬扣上有他模印出來的金色姓名縮寫。他拿出資料夾，將當天的時程表放在我們面前的矮桌上。他指出各個行程，上面分別標記了姓名、地點以及精準的時間。

他說：「我們走吧？」

於是我們就出發了。

我們沒有討論相關事宜——該問工匠什麼問題，他對這項工作有什麼期許，這本冊子會如何編排等等的。即使我們之前在少數幾封往來的電子郵件裡講得也很模糊。不過，相信我，我瞭解：從他的姿態，以及最重要的，他的信任，我看得出我們擁有一致的目標。

我們正經歷的是「空気を読む」，意思是「讀空氣」，也就是去感受與接受對方的想法與感覺。

在日本，靜默不限於朋友之間。日本的民事訴訟並不常見，民事法庭上的法官通常會批評被告與原告雙方無法在司法體系之外和解。無法接受問題、解決問題，會被認為雙方都有責任。這樣的觀念對美國會是值得效法的好事，因為美國名列世界第五大最愛打官司的國家，前四名依序為德國、瑞典、以色列及奧地利。[1]

說到解決衝突，西方國家各不同調，而日本避免衝突的方式這時就值得借鏡了：如果你能觀察別人的觀點，從對方的角度看事情，除了自己的想法之外也多思考對方可能的想法，體會他們的感受，這樣一來至少能舒緩你的憤怒、需求以及挫折感。一旦你的防衛機制降低，就更有可能接近能讓所有相關人等接受的解決方案。日本人善於在日常

1 不過我得說，日本應該有更多民事訴訟，因為對於東京電力 Tepco 和 Chisso 這類破壞環境與草菅人命的企業，相關制裁相當有限。

中運用這種避免衝突的策略，企業也常採用這項文化傳統。[2]

避免衝突雖非解決所有狀況的萬靈丹，但知道這也是一種選項還是不錯的：遇到緊急狀況，不要正面對決。

有幾本書就說明了日本人對「價值與美德」的理解，以及它如何有助解決人際關係的衝突。最好的其中一本是山久瀨洋二的《日本性》。他寫道：「日本人能用有限的言語表達意思。避免衝突、留意他人、創造相互合作的基礎——這些都是日本人行事的基石。」

這種不同的體驗人生方式，有一個結果就是可能建立起一個能保護與接納各個成員的團體。它花時間找出對團體最好的方式，因此能減少緊張關係。

山久瀨洋二說明所謂的「少し間を置いて」，他將之定義為「稍微休息一下」，是人在情況變得緊張之前說的話。他寫道，「即使在一段對話中，日本人也喜歡短暫休息，容許一些靜默的時間。」在這些「靜默的時間」，即使你看不到也聽不見，還是有許多訊息在交流著。山久瀨洋二寫到「気」這內在力量，他將之形容為「不可見的能量」，以及「気」與「殺気」（意思為感覺到危險）的關係。在無言的時刻，這種能量在人與人之間流動。「因此，這時他或她可以無需言語就將訊息傳達給你。」他寫道，「這聽似是漫畫或電影情節，但……日本人期望能在不說話的情況下就向別人傳達感受。」

在山久瀨洋二位在東京的辦公室和他見面時，他給我既害羞又充滿自信的感覺——他是個世界級的傾聽者，在我們啜飲他的助理用小托盤端來、盛裝在小陶杯內的熱茶時，我無需多言，他似乎就能讀出我的心思。

當時是十二月初，外頭很冷。我們談到東西方文化的人際互動的複雜性。山久在日本與西方企業擔任顧問，提供雙方建議：如何在談判時取得進展。如何在文化上融入。日本人如何在西方環境中表達自己，西方人又該如何在日本得到他人的理解。

不過，創造機會的是我們之間的靜默，讓彼此得以用三言兩語聊聊家中大小事，即

2 Exit 是東京的一家新公司，由岡崎一郎與新野俊之經營。該公司提供機會，讓企業員工要辭職時不必親自告知老闆。「只要五萬日圓，Exit 將致電客戶的老闆，代為傳達辭職的意願。岡崎一郎估計，全日本大約有三十家公司在提供類似的服務。」想像一下，要是美國也有類似的服務：沒有火爆場面，沒有相互對峙，只有「你好，我是 Exit 的鮑柏。我代表瑪麗．威爾森來電。她辭職不幹了！」這種做法削弱了雇主的部分權威，同時也保護員工的情緒幸福感。許多人待在糟糕的職務上，就只是為了避免說出「我辭職不幹」的壓力。但如同美國的情況，在日本，「近年來有更多人轉換工作，而勞動力減少也代表這是一個求職者的市場。」這正是 Exit 的大好機會：「人在改變，但是文化沒變，企業也沒變……這就是大家需要我們的原因。」岡崎一郎這麼表示。

便我們才剛認識。我想，我們剛剛接受了彼此一點點。

第十五章

知足

美國說，個人幸福是人人應得的權利。它就寫在《獨立宣言》裡！

> 我們認為這些真理不證自明，也就是人人天生平等，造物者賦予人某些不可剝奪的權利，其中包括生命、自由，以及追求幸福。

難怪那麼多人想來美國。世上還有幾個國家建立在不可剝奪的追求幸福權利的基石之上？

一七七六年寫出這些話的人確實想著他們不可剝奪的追求幸福的權利。他們無疑說服了自己正在往幸福的路上邁進，根本不必管奴隸和權利遭剝奪的人有多麼不幸。他們才不關心這些。

但是，若說這些新國家的締造者若活在他們無法獨享不可剝奪權利的社會，可能會比較滿足，是不是太過了？那麼想像一下，這樣建立起來的國家會是什麼樣子。

在心理治療師、精神藥物、生涯輔導員、私人健身教練、自助書、正念工作坊，以及各種技巧的協助下，西方人再次踏上追求幸福的道路。這些方法都具有崇高的價值——何不過得幸福呢？

但是，為什麼不超越幸福呢？

它可能是你原本在瑜珈課上感受到的那種正面、利己的溫暖感，突然在紅綠燈前消失了，你原本預期這感覺能持續一整天的。你這時並不知道自己為何會感到悲傷、擔憂與不滿陣陣襲來。那是一種空虛感，一種格格不入、覺得自己沒用的感受。這會不會與你瞥見車窗外的那個人有關？

她拿著一塊紙板，上面寫著：「飢餓又無家可歸。我沒有酗酒。拜託救救我！」號誌轉為綠燈，你又上路了。

•

幸福不只關乎個人。心懷滿足意味著能意識到他人的生活。如果你的社群活力十足且持續不墜，那麼，一種更持久、更全面的幸福感難道不會成為你自覺與認同的一部分嗎？

「受け入れる」是一種對他者的意識，接納他們的弱點。它能減緩認為「要追求幸福才能真幸福」所造成的緊張感。諷刺的是，事實正好相反：當我們接納別人，感覺自己也參與其中，反而會創造出更多幸福的可能。

我們以為身分僅關乎個人，但一個人的身分是要靠著周遭的人，以及他們的生活方式建立與維持的。美國憲法的締造者若是能為他們所引發、延續、制度化，以及因此造成不幸及不公不義的狀況負起責任，或許就不會一味地在追求幸福這件事上劃地自限。

無論我們是否意識到這個道理，但他人受苦時，我們也得不到幸福的。

•

世界衛生組織估計，日本的憂鬱症人口占比介於百分之七至十之間。即使納入未報告的精神疾病，還是不及美國憂鬱症比率（百分之十九．二）的一半。會有如此差異的可能原因，在於日本特有的生命觀。

明治維新期間，西方的「我」加進了日本的「我們」。日本在此之前有一套不同的自我理解與接受的制度。這種觀點可以許多方式描述，包括「受け入れる」在內，呈現出個人身為團體與社會的一員代表的意義。在西方制度開始界定日本諸多生活面向之前的千百年，在日本，身為一個人是由團體來界定的。

這意味著設法去接受個人在自然與社群裡的位置。它解除了釐清人生目標的壓力；

那個目標是為了團體而設，並由團體定義。無論是一個人的祖先、父母、配偶、社群或雇主，身為日本人就意味了你的身分大致上是由別人來決定的。當它行得通，好處就是「受け入れる」：被天地自然與他人接受，並在世上占有它們重視的一席之地。

在日本的一大挑戰，就是如何界定團體。歷史上，相較於其他社會，日本仍保有由男性主導的各種組織。無數文章出現在全球媒體上討論日本女性擔任主管職的比率偏低，日本男性不願分擔家庭責任，醫學院拒絕女性申請者，日本企業不願雇用已婚或有小孩的婦女。日本要進步，還有許多功課要做。

日本需要西方的制度，才能引進個人權利的概念與方法。

一八七六年，來自美國麻州的威廉・克拉克創建了北海道大學，該校校訓是「Boys, be ambitious! 青年們，要胸懷大志！」（注意這句話裡的性別。）時至今日，這句口號在日本仍有共鳴，一般日本人很清楚。「青年們，要胸懷大志！」也是一首流行歌和漫畫的名字。

胸懷大志，主張自己的獨特性，在日本著實是個外來的概念。戰後的日本憲法也是外來的，當中有些條款引自西方法律。貝雅特・西洛塔・戈登與愛蓮諾・哈德里兩個美國人撰寫了憲法中與民權有關的條文。拜這兩位女士之賜，日本憲法納入了關於平權及女性民權的第十四與二十四條。第十四條表明：「法律之前人人平等，政治、經濟或社會關係中不應有因種族、信念、性別、社會地位或原生家庭而產生的歧視。」第二十四條表明：「（一）婚姻應僅基於兩性雙方同意，且應透過相互合作予以維繫，以夫妻的平等權利為基礎。（二）關於配偶之選擇、財產權、繼承、住所之選擇、離婚，以及涉及婚姻與家庭的其他事務，法律應由個人尊嚴與兩性的根本平等之立場來制定。」

所以，如果這本書主要是為了日本人而寫，那麼我會告訴他們挑戰順從的重要性。

我多次聽過日本朋友訴說團體對他們提出的要求，以及為順從團體標準與理想而帶來的壓力及挫折感。這些要求粗暴地壓制了他們內心最深處的欲望。脫離團體規範則可能引發羞辱、哀傷、擔憂與孤立感。

但是在美國，當我們關心的主要是個人的幸福時，任何能帶來幸福感的事物都會成為焦點。那樣沒關係。瑜珈、正念靜觀以及冥想都是減緩壓力的好方法。

然而，如果關注就僅止於此，沒有去意識他人的需要，那就是沒有妥善去處理不幸福的來源了。那麼狀況將會不斷持續下去。

這不是說你邁向接納自我的努力應該僅限於經濟問題，而是你應該利用因為接納自己和你在天地間的位置而產生的靜心（而非幸福），去思考、甚至解決最初讓你悲慘與害怕的事情。

看看麻州心理學會近期對一場即將舉行的研討會所發出的公告：

> 接納與承諾治療是一種以證據為基礎的跨診斷情境行為治療取向，可運用於各種精神健康的問題。治療目標包括經驗迴避（experiential avoidance）以及認知混淆（cognitive fusion），它們是情感疾患與焦慮症的主因。接納與承諾治療運用了接受／靜觀以及重要行動／承諾的過程，去強化患者提高心理彈性的能力。接納與承諾治療從探索基本言語歷程的健全實證基礎（即關係框架理論）發展而來，並經過將近兩百五十次臨床試驗的評估，顯示它在諸多心理疾患上都出現功效，包括焦慮症、慢性疼痛、強迫症、憂鬱症、精神病、戒菸、壓力、倦怠以及親職教養。

不過，是什麼引發了壓力和倦怠？

一如幸福，壓力也不是只與個人有關。就像日本放棄封建主義，成為現代國家，美國也會因為修正導致人相互競爭的制度、機構與關係而獲益。十九世紀末的局勢促使日本發展出一些機構，重視創造及與世界競爭所需的個人主義，國家在做決策時也會考量各種人，不是只有大名或教士與僧侶。二十一世紀的情勢則迫使西方逐漸發展相關取向，重視對別人的接納，進而改變造成壓力的制度與機構。

當你要做出涉及自己的人生及需要你幫助的那些人的決定時，你需要清晰的頭腦，因此請將目標放在有助於澄淨思緒的幸福上。人在精疲力竭時無疑會做出不好的決定，不經思索就衝動行事，幾乎不顧後果，往往忽略了我們對團體或他人造成的影響。狀況會因此變得急迫，甚至升高為危機或緊急事件。儘管靠著咄咄逼人的態度可能贏得爭辯或得到你想要的，卻也會讓自己和他人陷入痛苦，飽受壓力。

這種痛苦與壓力非但不會消失，還會成為下次的衝突與激動表現的潛在因子。

•

我們若是情緒冷靜，便能選擇是否要有所行動。

由於「西方」是由各式各樣的國家組成，充滿多元性，所以採用「受け入れる」就有可能為西式的生活增添意義。我們能接納自己所屬的眾多「團體」，藉以平衡對「個人」過度的讚頌與關注。一如日本人採行西方行事風格而有所改變及成長，西方文化也能因為借鏡日本文化的某些取向而獲益。這不是非黑即白，也無關哪個制度才是最好。這兩者都不是最完美的。重點在於增進我們欠缺的，揚棄會產生衝突的戰術與策略，創造生活中的改變。

美國百分之十九・二的憂鬱症比率非同小可。你以為追求幸福會帶來更好的結果，但某個地方出了錯。不只是追求幸福的疲憊，也不是寂寞而已。

*發生在你周遭的苦難正在侵蝕你的幸福感。*它無可避免，就算你住在高級社區，就算你告訴自己你值得幸福，就算你認為自己所有的成就都不是僥倖而得。人類是富有同理心的物種，天生就會關心與接納別人。當我們目睹周遭的苦難，自己也會感到痛苦。

第十六章

再談接受

我能明確說出，自己是在哪個時間點意識到日本可能會是我擺脫壓力的出路。那部電影是《羅生門》，當時我剛進入青春期，世界非黑即白。

我的父母要嘛完全錯誤，要嘛絕對正確。一個問題有一個解決方法，或者，如果解決方法看似不止一個，那麼只有一個是最好的，其他可能都毫無價值。

此時《羅生門》出現了。

那是某年夏天的週六夜，第十三頻道每週播出經典電影：《夏日之戀》、《四百擊》、《遊戲規則》、《處女之泉》、《波坦金戰艦》等等，全是歐洲片，唯獨《羅生門》例外。

三船敏郎飾演的惡人多襄丸纏著腰布，即使被繩子綑住，但他不但蠕動身體，甚至在指控者面前依然大笑，發出呻吟，表現怒意，渾身充滿不被限制住的生猛力量。他宛如一股銳不可擋的自然之力。

我的天啊！

多襄丸被控謀殺，遭逮後被綁住，但他對自己的命運漠不關心，依舊頑強反抗。他就是不在乎。

片中還有誰？

已死的武士（他的遭遇是透過巫者說出來）、他的妻子、和尚、村民、判官，以及樵夫。武士的妻子遭到惡人多襄丸強暴。果真如此？發生了什麼事？武士是自殺的嗎？還是慘遭多襄丸的毒手？片中人物各有說法，這些說法不是相互矛盾，就是互有出入。如果將眾人的說法逐一拼湊，就會兜出不合理的互異情節。

我發現，那當中每個人的觀點都有其真實的成分，不是足以定罪的真相，也不是在場其他人都能接受的真相，但卻是一個真相。而那個真相屬於一個團體的一部分，是一種看事情的角度，或是一個認知，人人都堅持自己對事發經過的認知，卻可能與別人的南轅北轍。不過，每個人還是接受各種說法都是整體故事的一環。

那是一種極度令人感到解放的觀念，儘管我根本不知道這觀念埋進了我當時不過十三、四歲的小腦袋，而且紮根得有多深，但我明白它造成了巨大的衝擊。即使當時我未能以言語形容，也沒有意識到，但在我看過《羅生門》之後，確實有了過去未曾有過的變化。

《羅生門》對我的意義是，無論我的感覺或想法如何，儘管那往往與我父母的觀點背道而馳，依然都是合理的。我是一個有自己標準的真實之人。

我父母訂下規矩，告訴我我的感受是什麼。我就像他們的傀儡，除非他們告訴我，否則我不知道自己是誰，或是我有什麼感覺。但看過《羅生門》之後，我發現我有自己的觀點。當時我夠年輕，能體會到這番啟示。

片中反派多襄丸的觀點不值得欣賞，但就算是惡人，還是有其他人物必須接受的觀點。他們必須面對他，不能無視。多襄丸在提出他的說法、他的事發經過版本時，導演黑澤明也在呈現他的說法。相當令人信服。

多年之後回頭再看，當年的我對於《羅生門》非常青春期、而且十分私人的看法似乎有點奇怪。我是說，真的嗎？《羅生門》是一個關於接納自己真實身分的故事嗎？認真？

但我從當中學到的是：如果我想告訴別人我在家中的生活，發生的某件事，我陳述的版本會和我父母的版本不同。當你有意接納自己身為一個人的身分，這是個不錯的開始。

總之，無論好壞，我的人生就是從那時開始的。

•

在家暴環境中長大的孩子往往會充滿想像力和創造力，常為家暴行為想出許多充分的理由。那樣才會有秩序。我們人類熱愛秩序。

暴力家庭的另一個特點是，一陣子之後，家庭成員會習慣暴力。家暴成為一種生活方式，一種狂熱信仰，外人則會被視為破壞分子。

他們會為施暴的父母找藉口；外人提出的問題會被視為侵擾，甚或威脅。

這樣的家庭會發展出一套共同的說法——一個讓他們團結起來、互相牽制的版本。他們的親密感是獨有的、明確的，也是用以證明他們作為這個團體成員身分的要素。離開那個團體就代表失去身分，而那可能會令人驚恐。

這種依附關係說明了擺脫暴力家庭的人何以常會承受懷疑、內疚以及背叛感的煎熬。他們不只失去個人身分，導致寂寞，也背叛了家庭。這也是出身暴力家庭的人最後可能也會進入婚姻暴力的諸多原因之一。家，甜蜜的家啊。

就算是那些有幸躲過暴力，但知道其他人有那樣的經驗，與他們共事、聽他們的音樂、看他們表演、與他們產生親密關係、讀他們的書呢？那種藝術與情感上的接觸意味著受暴經驗傳達給了那些逃過暴力的人。

這就是同理心與關係的功能：你的身分很大程度上是靠別人來界定的。

有些話不斷出現在我的成長過程中，若是不照做，而是提出自己的看法反擊，就有可能變成另一句諺語：「搬石頭砸自己的腳」。

以下是我常聽到的幾句重要的話：

「別人家不像我們家這麼常吵架，因為他們不像我們這麼相親相愛。」

「如果我不告訴你我有什麼感覺，你怎麼會知道？」

「我想像過這個週末會是什麼樣子，結果你卻讓我失望。」

「我只祈禱我的兒子有朝一日會回到我身邊，但到時候就太遲了。我早就死了。」

看過《羅生門》之後隔幾週，我在前街的平裝本書匠書店買了幾本日本作家的書。這書店就在自由劇院對面，和基督教女青年會在同一條街上。

我不知道該讀誰的作品，於是挑了幾個掛著日本姓名的作者。那些書不能太厚，只能在兩百頁內，因為當時我的閱讀注意力、吸收能力、專心度和記憶力都非常有限。

那段日子，隨時，幾乎所有事情都會令我分心，擔心那是在對我做出回應或批評我。那種恐懼到了我已經習慣害怕的程度，以為別人也跟我一樣畏懼。我害怕到根本不知道自己在害怕。

我不知道自己家中的憤怒與瘋狂並不正常。在與父母及姊姊之間的關係之外，我未曾體驗過任何形式的人際親密感。

川端康成的《雪國》是我讀的第一本日本作家之作。小說開頭的第一句話很有名：「火車穿過縣界長長的隧道，便是雪國。」

我接著讀《千羽鶴》，同為川端康成的作品。我到現在都還留著這本書，我在這些段落畫了線：

紅色太陽似乎就要飄落樹梢上。

樹叢的暗影矗立在其前方。

飄浮樹梢上的太陽沉入他疲憊的眼睛，他閉上雙眼。

稻村小姐包巾上的白色千羽鶴，在他眼簾裡的落日餘輝中飛舞。

大約同一時期，我還讀了三島由紀夫的《午後的曳航》及《仲夏之死》，也讀了谷崎潤一郎。短篇小說《食蓼之蟲》描寫一段不幸的婚姻。十四歲的我在這句話畫了線：

「你得小心孩子——他們總有一天會長大。」

隨著年紀增長，我對日本依舊甚感興趣，但對日本的書或電影讀的看的倒是不多。那是日本開始在美國當代生活中扮演激勵角色之前許久的年代。那時，大家都還把「日本製造」當成廉價商品的代稱，說到日本就聯想到「珍珠港」、「藝伎」、「廣島」、「相撲」以及「武士」等字眼。那時美國還沒有壽司（除了幾家高級餐廳和日本人或韓國人家中），拉麵更是聞所未聞。不過當時卻有紅花鐵板燒！

•

二〇〇三年，就在我第一次造訪日本之前，我打給可能在日本有熟人、或是到過日本的每個親朋好友。透過這個小型的人脈網絡，我首度見到了優子和紳治。

那是個陰涼的十一月天，細雨落在代代木公園的步道上。我們站在運河邊。我在荒郊野外一處經過翻修的藝術家工作室裡喝了點燒酒。那地區算偏僻，我是搭計程車過去的，下次恐怕不知該怎麼找到那地方了。我們也造訪了擺滿舊書的舊書店。

我們大多一起行動；那是一種新型態的親密關係，無論我有沒有跟朋友在一起，而且我不斷地看著。看她怎麼拿筷子，看他怎麼喝下麥茶。

我的朋友們英語流利，但許多事是在沉默中進行——我第一次有如此體驗！用手勢示意該坐哪兒或提問，我覺得既怪異又尷尬，但不久我就偏好沉默甚過開口了。我感受到了平靜，有人理解我。我不想使用言語。他們無需告訴我他們的感受，因為我知道。那是我第一次「受け入れる」的經驗。

在這首次的日本之旅之後，我又造訪日本二十八趟，陸續到過民家、學校、神社、寺院、爵士俱樂部、舞廳、咖啡館、溫泉旅館、森林、山巔、海洋、湖泊、河流、公司、公寓、工廠、農場以及研討會。

我受雇到日本工作與演講，為西方與日本企業及媒體撰寫有關日本的種種。淡路島上某家旅館的老闆帶我前往某座神社，安排一場灑淨儀式，事後我果然有身心得到淨化的感受。

一位朋友讓我帶著他美麗的棕色拉布拉多犬「巧克力」出門，沿著他家下方的小溪散步，那裡正是幾百年前松尾芭蕉寫詩的地方。

在新潟，我在某場研討會上發表演說：「壽司：二十一世紀的披薩？」

在靜岡，一個茶農和我共飲綠茶，哀嘆讓下一代接掌茶園是多麼困難。

在九州南方的屋久島，當我和太太走過宮崎駿《魔法公主》靈感來源的那片古老雪松林時，這座島也填滿了我的心。

無論我去到日本何處，各種經驗都化為難忘的回憶：人們試圖融入自然，理解自己在天地間的位置，透過未說出口的情感接納他人。

我造訪的日本跟《羅生門》裡的日本不一樣。怎麼可能？如果抱著這樣的期望，就好比一個日本人看過《碧血金沙》之後去到墨西哥，預期它會跟電影裡一模一樣。

也許那不算太離譜。這兩部電影都是在二戰結束後不久拍攝的。《碧血金沙》是一九四八年，《羅生門》在一九五〇年。兩部電影同時提出了這些問題：

身為人的意義是什麼？

面對悲劇，我們如何保護讓你我最能發揮人性的事物？

我們為何受到貪婪與自私的激勵？

因此，是的，在日本的抒情詩文、接納，以及尊崇自然之外，我也看到了墮落、殘酷，以及情感的束縛。團體凝聚力可能會侵蝕或破壞個人主義及創造力。缺少社會權力的人可能會被團體剝奪應有的權利。接納可能會被濫用，成為武器，迫使人服從機構與制度。

身為家庭成員也一樣。最好的狀況，家庭——母親與孩子——能展現靜默溝通與接納。最差的狀況，家庭會迫使孩子相信自己的夢想與抱負毫無意義。相同的來源怎麼會產生如此截然不同的經驗呢？

•

我父親十幾歲時，是在紐約市裡幾個不同的寄養家庭長大的。他在多年後才知道自己的父母和兄姊出了什麼事。

我實在難以想像，他在等待消息時經歷的那種深沉靜默。毫無音訊。你能想像這個孩子的感受嗎？

從十四到十九歲，他都不知道父母和姊姊早已慘遭殺害。他哥哥則熬過監禁之苦。他曾有過希望。他是那麼年輕。他曾有過疑惑。希望與疑惑超出他能承擔的程度。他既困惑又迷惘。

我不禁好奇，當他想到家人，用的是何種語言。他們在哪裡，在做什麼，是否還活著或是死了，怎麼死的。

他編造了故事，告訴我在這些家人聯絡不上他的許久之後，他才收到了他們的來信。只有靜默，只有他心裡對他們的記憶，也就是「空気を読む」。只有等待。

我的家族是德裔猶太人，在巴伐利亞好幾個世紀：家畜商人、旅館老闆、織品批發商。我的祖父是戰爭老兵，一九一七年為德國攻打法國時受了傷。這些事情在我家中罕有人提及。

日本充滿韌性的接受傳統，是對戰爭與歷史創傷的一種反應嗎？我是因此才感覺與日本心有靈犀嗎？

我不知道。但我知道這一點：

人生的重點不在於幸福，而是學會在生命中與失望共處，讓別人安心，以及培養出深刻的見解，幫助自己懂得幸福會在人生有所失之際瞬間消散。而我們必須接受事物的散逝。

畢竟，在前方那麼多工作猶待完成之際，我們又何必追求幸福呢？

致謝

若是少了我太太蘿拉的愛、支持、指引與洞見，我無法想像自己能寫出這本書。同樣地，我的孩子瑪德琳與尼可拉斯無與倫比，讓我能透過他們的眼光去看這個世界。

要是沒有我的經紀人蜜雪兒・泰斯勒堅定不移的信念與投入，這本書絕對不可能問世。她擁有無比驚人的耐心。在我看來，我的編輯芮妮・謝德利爾儼然是文學貴族，有辦法讓我知道我哪裡走偏了，應該如何回到正軌。她在Hachette Go出版公司的團隊也與我合作愉快，讓我受益良多，包括艾麗森・達拉費夫與安珀・摩里斯。

我的朋友和同事大大增長了我的知識：Jiro Takeuchi、Yujo Enomoto、Shinji Nohara、Takeshi Endo、Yujiko Kamiya、Mika Horie、Hiroshi Kagawa、Ken Yokoyama、

Ignatius Cronin、Rie Oshima、Robb Satterwhite、Yumi Obinata、Rumiko Obata、Daniel Boulud、Taeko Takigami、Marian Goldberg、Georgette Farkas、Kobo Senju、Kazuhiko Kobayashi、John Gauntner、Lloyd Nakano、Nancy Berliner、Izumi Nakagawa、Sachiko Nakamichi、Kazunari NakamichiNozomi Obinata、Anri Yamazu、Kiyomi Tsurusawa、Kanna Izuka、Yuki Kojima、Yoko Nomura，以及 Tatsuya Sudo。

特別感謝塞爾布桑夫特山（Selbsanft）。

Yamakuse, Yoji. *Japaneseness: A Guide to Values and Virtues*. Translated by Michael A. Cooney. Berkeley, CA: Stone Bridge Press, 2016.

Yokoyama, Hideo. *Six-Four*. Translated by Jonathan Lloyd Davies. London: Riverrun, 2016.

Young, Rosamund. *The Secret Life of Cows*. New York: Penguin, 2018.

Smil, Vaclav, and Kazuhiko Kobayashi. *Japan's Dietary Transition and Its Impacts*. Cambridge, MA: MIT Press, 2012.

Smith, Tiffany Watt. *Schadenfreude*. London: Wellcome Collection, 2018.

Sōseki, Natsume. *Botchan*. Translated by J. Cohn. New York: Penguin, 2012.

Stokes, Henry Scott. *The Life and Death of Yukio Mishima*. New York: Farrar, Straus and Giroux, 1974.

Sugiyama, Kotaro, and Timothy Andree. *The Dentsu Way*. New York: McGraw-Hill, 2011.

"Suicide Rate by Country Population." World Population Review. August 27, 2019. worldpopulationreview.com/countries/suicide-rate-by-country.

Suzuki, D. T. *Zen and Japanese Culture*. Princeton, NJ: Princeton University Press, 2010.

Tanizaki, Jun'ichirō. *In Praise of Shadows*. Translated by Thomas J. Harper. Sedgwick, ME: Leete's Island Books, 1977.

———. *The Makioka Sisters*. Translated by Edward Seidensticker. New York: Vintage, 1995.

———. *Some Prefer Nettles*. Translated by Edward Seidensticker. New York: Vintage, 1970.

Turkle, Sherry. *Reclaiming Conversation: The Power of Talk in a Digital Age*. New York: Penguin, 2015.

Watanabe, Hiroshi. *The Architecture of Tokyo*. Stuttgart, Germany: Edition Axel Menges, 2001.

White, Merry. *Coffee Life in Japan*. Berkeley, CA: University of California Press, 2012.

Wohlleben, Peter. *The Hidden Life of Trees*. Translated by Jane Billinghurst. Vancouver, Canada: Greystone Books, 2015.

Reynolds, Gretchen. "Loneliness Is Bad for Your Health; An App May Help." *New York Times*, February 20, 2019.

Ro, Christine. "When the Going Gets Tough, Have a Nap." BBC, October 9, 2018. bbc.com/future/article/20181009-how-sleep-helps-with-emotional-recovery-and-trauma.

Robertson, Jennifer. *Robo Sapiens Japanicus: Robots, Gender, Family, and the Japanese Nation*. Oakland, California: University of California Press, 2017.

Rogers, Krista. "A Brief History of the Evolution of Japanese School Lunches." *Japan Today*, January 14, 2015. japantoday.com/category/features/food/a-brief-history-of-the-evolution-of-japanese-school-lunches.

Rohlen, Thomas P. *Japan's High Schools*. Berkeley: University of California Press, 1983.

Sacks, Oliver. *Everything in Its Place: First Loves and Last Tales*. New York: Knopf, 2019.

Saga, Junichi. *Memories of Silk and Straw: A Self-Portrait of Small-Town Japan*. Translated by Garry O. Evans. Tokyo: Kodansha, 1990.

Saxbe, Darby E., and Rena Repetti. "No Place Like Home: Home Tours Correlate with Daily Patterns of Mood and Cortisol." *Personality and Social Psychology Bulletin*, November 23, 2009.

"Shiki Soku Zeku Ku Soku Ze Shiki." Form Is Itself Voidness. May 26, 2013. shikisokuzekw.tumblr.com/post/51365649857/shiki-soku-zeku-ku-soku-ze-shiki.

sleep.org. "Sleeping at Work: Companies with Nap Rooms and Snooze-Friendly Policies." sleep.org/articles/sleeping-work-companies-nap-rooms-snooze-friendly-policies.

Mishima, Yukio. *Confessions of a Mask*. Translated by John Nathan. New York: New Directions, 1958.

———. *Death in Midsummer*. Translated by John Nathan. New York: Penguin, 1973.

———. *The Sailor Who Fell from Grace with the Sea*. Translated by John Nathan. Great Britain: Penguin, 1973.

Morita, Shoma. *Morita Therapy and the True Nature of Anxiety-Based Disorders*. Albany: SUNY Press, 1998.

Nakamura, Karen. *A Disability of the Soul*. Ithaca, NY: Cornell University Press, 2012.

Nakane, Chie. *Japanese Society*. Berkeley: University of California Press, 1970.

Nathan, John. *Living Carelessly in Japan and Elsewhere*. New York: Free Press, 2008.

Ohnuki-Tierney, Emiko. *Rice as Self: Japanese Identities Through Time*. Princeton, NJ: Princeton University Press, 1993.

Pilling, David. *The Growth Delusion*. New York: Crown, 2018.

Qin, Amy. "Pritzker Prize Goes to Arata Isozaki, Designer for a Postwar World." *New York Times*, March 5, 2019.

Rath, Eric. *Japan's Cuisines*. London: Reaktion, 2016.

Redfield, Robert R. "CDC Director's Media Statement on U.S. Life Expectancy." CDC Newsroom. November 29, 2018. cdc.gov/media/releases/2018/s1129-US-life-expectancy.html.

Reischauer, Edwin, and Marius Jansen. *The Japanese Today: Change and Continuity*. Cambridge, MA: Belknap of Harvard University Press, 2001.

Reynolds, David K. *The Quiet Therapies: Japanese Pathways to Personal Growth*. Honolulu: University of Hawaii Press, 1980.

Kenkō, Yoshida. *Essays in Idleness*. Translated by Donald Keene. New York: Columbia University Press, 1967.

Kurosawa, Akira. *Something Like an Autobiography*. New York: Vintage, 1983.

Lebra, Takie Sugiyama. *Japanese Patterns of Behavior*. Honolulu: University of Hawaii Press, 1976.

Levin, Marc, director. *One Nation Under Stress*. HBO Documentary Films, 2019.

Lewis-Stempel, John. *The Secret Life of the Owl*. London: Transworld Publishers, 2017.

Lifton, Robert Jay. *Death in Life*. New York: Vintage Books, 1969.

MacDonald, Helen. *H is for Hawk*. London: Jonathan Cape, 2014.

Maier, Corinne. *Bonjour Laziness*. New York: Pantheon, 2005.

Mantel, Hilary. *Giving Up the Ghost*. Picador: New York, 2003.

Mathews, Gordon. *What Makes Life Worth Living? How Japanese and Americans Make Sense of Their Worlds*. Berkeley: University of California Press, 1996.

Mautz, Scott. "Lack of Sleep Is (Literally) Killing You: Here's Why and What to Do, According to Science." scottmautz.com/lack-of-sleep-is-literally-killing-you-heres-why-and-what-to-do-according-to-science.

McCurry, Justin. "Japanese Firms Encourage Their Dozy Workers to Sleep on the Job," *Guardian* (London), August 18, 2014. theguardian.com/world/2014/aug/18/japanese-firms-encourage-workers-sleep-on-job.

Minami, Hiroshi. *Psychology of the Japanese People*. Toronto: University of Toronto Press, 1971.

Ito, Shingo. "Stop It! Tokyo Police Anti-Groper App Becomes Smash Hit in Japan." *Japan Times,* May 23, 2019. japantimes .co.jp/news/2019/05/23/national/social-issues/stop-tokyo -police-anti-groper-app-becomes-smash-hit-japan.

Iyer, Pico. *Autumn Light*. New York: Knopf, 2019.

"Japanese Firms Starting to Encourage Employees to Take Naps at Work." *Japan Times,* November 22, 2018.

Japan Rising: The Iwakura Embassy to the USA and Europe 1871–1873. Compiled by Kume Kunitake and edited by Chushichi Tsuzuki and R. Jule Young. New York: Cambridge University Press, 2009.

"Japan's Farming Population Rapidly Aging and Decreasing." Nippon.com, July 3, 2018. nippon.com/en/features/h00227 /japan's-farming-population-rapidly-aging-and-decreasing .html.

Kawabata, Yasunari. *Beauty and Sadness.* Translated by Howard Hibbett. New York: Vintage, 1996.

———. *Snow Country*. Translated by Edward Seidensticker. New York: Berkley Medallion, 1968.

———. *Thousand Cranes*. Translated by Edward Seidensticker. New York: Berkley Medallion, 1968.

Kawai, Hayao. *Buddhism and the Art of Psychotherapy*. College Station: Texas A&M University Press, 1996.

Kawai, Hayao, and Murakami, Haruki. *Haruki Murakami Goes to Meet Hayao Kawai.* Translated by Christopher Stephens. Einsiedeln, Switzerland: Daimon Publishers, 2016.

Keene, Donald. *Modern Japanese Diaries*. New York: Henry Holt, 1995.

Griffiths, Sarah. "Can Decluttering Your House Really Make You Happier?" BBC, May 15, 2019. bbc.com/future/article /20190515-can-decluttering-your-house-really-spark-joy.
"Gross Domestic Product (GDP) (Indicator)." OECD. data.oecd .org/gdp/gross-domestic-product-gdp.htm. Accessed December 18, 2019.
Haas, Scott. "Hashiri, Sakari, Nagori: Toward Understanding the Psychology, Ideology, and Branding of Seasonality in Japanese Gastronomy." *Gastronomica: The Journal of Critical Food Studies* 15, no. 2 (Summer 2015).
———. "Kenny Garrett: One-of-a-Kind." *Bay State Banner* (Boston), August 29, 2019.
———. "The Price of Harmony: The Ideology of Japanese Cuisine." *Gastronomica: The Journal of Critical Food Studies* 17, no. 2 (Summer 2017).
———. *Those Immigrants! Indians in America: A Psychological Exploration of Achievement*. New Delhi: Fingerprint, 2016.
Han, Byung-Chul. *The Burnout Society*. Translated by Erik Butler. Stanford, CA: Stanford University Press, 2015.
Hashimoto, Akiko. *The Long Defeat*. New York: Oxford University Press, 2015.
Hirata, Keiko, and Mark Waschauer. *Japan: The Paradox of Harmony*. New Haven, CT: Yale University Press, 2014.
"Inside Google Workplaces, from Perks to Nap Pods." CBS News, January 22, 2013.
Ishinomori, Shotaro. *Japan, Inc.* Berkeley: University of California Press, 1988.
Isozaki, Arata. *Japan-ness in Architecture*. Cambridge, MA: MIT Press, 2011.

Carter, Richard Burnett. *The Language of Zen: Heart Speaking to Heart*. New York: Ethos, 2010.

Cederström, Carl. *The Happiness Fantasy*. Cambridge, UK: Polity, 2018.

Cortazzi, Hugh. "The Curse of *Shikata Ga Nai*." *Japan Times*, April 16, 2001.

Crary, Jonathan. *24/7: Late Capitalism and the Ends of Sleep*. London: Verso, 2014.

Cwiertka, Katarzyna. *Modern Japanese Cuisine*. London: Reaktion Books, 2006.

Davies, Roger J., and Osamu Ikeno, editors. *The Japanese Mind: Understanding Contemporary Japanese Culture*. Boston: Tuttle, 2002.

Dazai, Osamu. *No Longer Human*. New York: New Directions, 1973.

Dogen. *How to Cook Your Life*. Boston: Shambhala Publications, 2005.

Doi, Takeo. *The Anatomy of Dependence*. New York: Kodansha, 1971.

Eddo-Lodge, Reni. *Why I'm No Longer Talking to White People About Race*. New York: Bloomsbury, 2019.

Galloway, Lindsey. "What It's Like to Live in a Well-Governed Country." BBC, January 8, 2018. bbc.com/travel/story/20180107-what-its-like-to-live-in-a-well-governed-country.

Genda, Yuji. *A Nagging Sense of Job Insecurity*. Tokyo: International House of Japan, 2005.

"A Good Night's Sleep Is Critical for Good Health." Press release. Centers for Disease Control and Prevention, February 18, 2016. cdc.gov/media/releases/2016/p0215-enough-sleep.html.

參考書目

Adams, Tim. "Sherry Turkle: 'I Am Not Anti-Technology, I Am Pro-Conversation.'" *Guardian* (London), October 18, 2015.

Alemoru, Kemi. "Black Power Naps Is an Installation About the Power of Doing Nothing." Dazed. June 27, 2018. dazeddigital.com/art-photography/article/40506/1/black-power-naps-installation-reclaiming-rest.

Barthes, Roland. *Empire of Signs*. Translated by Richard Howard. New York: Hill and Wang, 1987.

Benjamin, Gail. *Japanese Lessons: A Year in a Japanese School Through the Eyes of an American Anthropologist and Her Children*. New York: New York University Press, 1997.

Berger, John. *Ways of Seeing*. New York: Penguin, 1972.

Bestor, Ted. *Neighborhood Tokyo*. Stanford, CA: Stanford University Press, 1989.

———. *Tsukiji: The Fish Market at the Center of the World*. Berkeley: University of California Press, 2004.

Brody, Jane. "The Secret to Good Health May Be a Walk in the Park." *New York Times,* December 3, 2018.

Buruma, Ian. *Inventing Japan*. New York: Modern Library, 2003.

第十六章

電影及其他

《夏日之戀》Jules et Jim
《四百擊》Les Quatre Cents Coups
《遊戲規則》La Règle du jeu
《處女之泉》Jungfrukällan
《波坦金戰艦》Potemkin
《碧血金沙》The Treasure of the Sierra Madre
平裝本書匠書店 Paperback Booksmith

《日本廚房》The Japanese Kitchen
《和食》Washoku
《日本農家菜》Japanese Farm Food
《人類非物質文化遺產代表作名錄》Representative List of the Intangible Cultural Heritage of Humanity
水暉餐廳 Mizuki
翁貝托拱廊街 Galleria Umberto

第十三章

人名

小島有希 Yuki Kojima
安娜・阿赫瑪托娃 Anna Akhmatova
大衛・克雷斯威爾 David Creswell
愛蜜莉・林賽 Emily Lindsay

第十四章

人名

奧斯卡・彼德生 Oscar Peterson
蓋希文 Gershwin

第十五章

人名及其他

威廉・克拉克 William Clark
貝雅特・西洛塔・戈登 Beate Sirota Gordon
愛蓮諾・哈德里 Eleanor Hadley
接納與承諾治療 Acceptance and Commitment Therapy，簡稱 ACT
關係框架理論 Relational Frame Theory

希拉蕊・曼特爾 Hilary Mantel
蘇菲・辛奇克里夫 Sophie Hinchliffe
貝絲・潘 Beth Penn
蕾娜・瑞皮提 Rena Repetti
達碧・薩斯比 Darby Saxby

第十一章

人名

雪莉・特克博士 Dr. Sherry Turkle

第十二章

人名

佐賀純一 Junichi Saga
麥克・波倫 Mivhael Pollan
費雪 M. F. K. Fisher
新保博子 Hiroko Shimbo
伊麗莎白・安朵 Elizabeth Andoh
南希・辛格頓・哈奇蘇 Nancy Singleton Hachisu
蓋兒・班傑明 Gail Benjamin
羅伯・薩特懷特 Robb Satterwhite
瓦克拉夫・史米爾 Vaclav Smil
法國傳奇名廚埃斯克菲耶 Auguste Escoffier

書籍及其他

《日本飲食的轉變及其影響》 Japan's Dietary Transition and Its Impacts
《絲與稻草的回憶：日本小鎮自畫像》 Memories of Silk and Straw: A Self-Portrait of Small-Town Japan
《日式料理：簡單的藝術》J apanese Cooking: A Simple Art

機構及其他

修道院博物館 The Cloisters
公共土地信託組織 Trust for Public Land
全國遊憩與公園協會 National Recreation and Parks Association
城市土地研究所 Urban Land Institute
明尼亞波里斯 Minneapolis
「可食校園計畫」 Edible Schoolyard

第七章

地名及其他

羅克斯貝里 Roxbury
馬塔潘 Mattapan
多徹斯特 Dorchester
艾伯特・麥拉賓 Albert Mehrabian
《非言語溝通》 Nonverbal Communication
波士頓塞爾提克隊 Boston Celtics

第九章

人名及其他

黛娜・邦特洛克 Dana Buntrock
中道幸子 Sachiko Nakamichi
衝擊合唱團 The Clash
艾斯貝瑞公園市 Asbury Park

第十章

人名

莫里斯・桑達克 Maurice Sendak

艾克斯萊班 Aix les Bains
洛伊克巴德 Leukerbad
維琪 Vichy
瓦爾斯 Vals
曼哈頓時裝區 Garment District

人名

彼得・祖姆托 Peter Zumthor
艾摩斯・克里福 M. Amos Clifford

第六章

人名

橫山健一郎 Ken Yokoyama
江上処道 Shodo Egami
珍・布洛迪 Jane Brody
漢娜・韓姆迪醫師 Dr. Hanaa Hamdi
歷史學家西奧多・羅斯札克 Theodore Roszak
名廚愛莉絲・華特斯 Alice Waters
艾茵・蘭德 Ayn Rand
奧利佛・薩克斯醫師 Dr. Oliver Sacks

書籍

《鄰里東京》 Neighborhood Tokyo
《樹木的隱密生活》 The Hidden Life of Trees
《貓頭鷹的祕密生活》 The Secret Life of the Owl
《鷹與心的追尋》 H Is for Hawk
《牛的祕密生活》 The Secret Life of Cows
《萬物秩序》 Everything in Its Place

書籍及其他

《日本性》Japaneseness
《愛情不用翻譯》Lost in Translation
莫瑞丘區 Murray Hill
巴卡拉水晶 Baccarat
柏悅酒店 Park Hyatt
亞斯特街 Astor Place
詹姆斯·比爾德基金會 James Beard Foundation

第四章

人名

凱米·亞勒莫魯 Kemi Alemoru
蕾貝卡·史賓塞 Rebecca Spencer
友野尚 Nao Tomono
大衛·雷克里夫 David Radcliffe
卡爾·賽德斯多羅姆 Carl Cederstrom
強納森·柯拉瑞 Jonathan Crary
韓炳哲 Byung-Chul Han
珊雅·米克林 Sanja Miklin

書籍

《幸福的幻想》The Happiness Fantasy
《晚期資本主義與睡眠的終結》24/ 7: Late Capitalism and the Ends of Sleep
《倦怠社會》The Burnout Society

第五章

地名

瑪麗亞溫泉 Marienbad

《中央情報局世界概況》 CIA World Factbook
《遠方》 Afar
《你的幸福不是這個指數》 The Growth Delusion
《廣島》 Hiroshima
《成為這樣的我》 Becoming
《符號帝國》 L'empire des Signes
《築地，世界中心的魚市場》 Tsukiji The Fish Market at the Center of the World）
《美國的印度移民：成就的心理學探索》 Those Immigrants! Indians in America: A Psychological Exploration of Achievement
探索一族樂團 A Tribe Called Quest
經濟合作暨發展組織 Organization for Economic Cooperation and Development

第三章

人名

山久瀨洋二 Yoji Yamakuse
巴德・鮑威爾 Bud Powell
約翰・柯川 John Coltrane
邁爾士・戴維斯 Miles Davis
班・韋伯斯特 Ben Webster
亞特・布雷基 Art Blakey
丹尼爾・巴魯 Daniel Boulud
安德魯・卡梅利尼 Andrew Carmellini
馬克・費倫提諾 Mark Fiorentino
瑞奇・托里西 Richie Torrissi
亞當・沙奇 Adam Sachs
亞當・拉帕伯特 Adam Rappaport
山本根 Gen Yamamoto

《推開世界》 Pushing the World Away

地名、機構

布勞恩瓦爾德 Braunwald
羅克斯貝里 Roxbury
努比亞廣場 Nubian Square
過渡援助部 Department of Transitional Assistance

第二章

人名

小日向由美 Yumi Obinata
馬修・培里 Mathew Perry
榎本優子 Yuko Enomoto
鶴澤圭美 Kiyomi Tsurusawa
拉傑・切蒂 Raj Chetty
大衛・馬密 David Mamet
艾茲拉・龐德 Ezra Pound
傑瑞・塞恩菲爾德 Jerry Seinfeld
賈德・阿帕托 Judd Apatow
霍華・史登 Howard Stern
亞麗安娜・哈芬登 Arianna Huffington
淩大為 David Pilling
約翰・赫西 John Hersey
羅蘭・巴特 Roland Barthes
泰德・貝斯特 Ted Bestor
唐納德・基恩 Donald Keene

書籍及其他

《佛教與心理治療藝術》 Buddhism and the Art of Psychotherapy

譯名對照

第一章

人名

雷多・杜爾勒博士 Dr. Reto Dürler
肯尼・賈瑞特 Kenny Garrett
藝評家約翰・伯格 John Berger
傑基・羅賓森 Jackie Robinson
濟慈 John Keats
麥高登 Gordon Mathews
埃克特・賈西亞 Héctor Garcia
法蘭賽斯克・米拉萊斯 Francesc Miralles
湯瑪斯・羅林 Thomas Rohlen

書籍

《人生的意義是什麼？日本人和美國人如何理解他們的世界》 What Makes Life Worth Living? How Japanese and Americans Make Sense of Their World
《富足樂齡：Ikigai 日本生活美學的長壽祕訣》 Ikigai: The Japanese Secret to a Long and Happy Life
《日本高校》 Japan's High Schools

接納，才能自得
日本人的淡然之道
Why Be Happy? : The Japanese Way of Acceptance

作者	史考特・哈斯 Scott Haas
譯者	吳緯疆
社長	陳蕙慧
總編輯	卜祇宇
行銷	陳雅雯、尹子麟、余一霞、黃毓純
封面設計	井十二設計研究室
排版	宸遠彩藝
印刷	通南彩色印刷股份有限公司

讀書共和國出版集團社長	郭重興
發行人兼出版總監	曾大福
出版	開朗文化 / 遠足文化事業股份有限公司
發行	遠足文化事業股份有限公司
地址	231 新北市新店區民權路 108-2 號 9 樓
電話	(02) 2218-1417
傳真	(02) 2218-0727
客服專線	0800-221-029
信箱	service@bookrep.com.tw
法律顧問	華洋國際專利商標事務所 蘇文生律師
出版日期	2021 年 6 月初版一刷
定價	新台幣 350 元
ISBN	978-986-99734-6-5 (紙本)
	9789869973496 (EPUB)
	9789869973489 (PDF)

Why Be Happy? The Japanese Way of Acceptance
Copyright © 2020 by Scott Haas
This edition published by arrangement with Hachette Go, an imprint of Perseus Books, LLC, a subsidiary of Hachette Book Group, Inc., New York, New York, USA. ALL RIGHTS RESERVED
Complex Chinese translation © 2021 by Lucent Books, a branch of Walkers Cultural Enterprise Ltd.
This edition is published by arrangement through Bardon Chinese Media Agency

中文翻譯版權所有，翻印必究 ALL RIGHTS RESERVED
本書中言論內容，不代表本公司 / 出版集團之立場與意見，文責由作者自行承擔

國家圖書館出版品預行編目

接納，才能自得 : 日本人的淡然之道 / 史考特 . 哈斯 (Scott Hass) 著 ; 吳緯疆譯 . -- 初版 . -- 新北市 : 開朗文化 , 2021.06
282 面 ; 14.8 X 21 公分
譯自 : Why Be Happy? : The Japanese Way of Acceptance
ISBN 978-986-99734-6-5(平裝)

1. 人生哲學　2. 幸福

191.9　110006219